現

未來領袖
養成計劃

世界公民
素養教育

林凡維 Jessie Lin Brown ◎ 著

獻給我的先生 Bruce、兩個孩子 Calin 和 Isaac

前 言

談到孩子的教育，有為數不少的父母和教育工作者認為強化學業成績和技術能力才是幫助孩子通往成功的最佳途徑。無可否認，學科和才藝都是升學必備的重要項目；然而，許多珍貴的價值觀和技能，如尊重、同理心、誠實、良善、情緒管理或社交技能等，都是影響孩子未來成功的關鍵，很可惜重視的人有如鳳毛麟角。

「孩子，今天 xx 考了幾分？」這句親子對話，大家是否覺得耳熟能詳？「你今天關心了新來的同學嗎？」曾問孩子這句話的父母應該寥寥無幾吧。「孩子通過同理心能學習如何成為更好的人，這才是孩子未來成功的關鍵能力。」《我們都錯了！同理心才是孩子成功的關鍵》作者蜜雪兒·玻芭博士一針見血點出現代教育對成功的迷思。

哈佛大學教育研究所的調查顯示，大約 80% 的學生表示，他們的父母比較關注他們的「成就」或「快樂」，而不是他們是否「關懷他人」。同樣也有八成的學生認為老師將學生的成績擺在第一位，而非對學生的關懷。專家們提醒，若不優先培育孩子對他人的同理心，將剝奪他們發展基本人際關係技巧的機會，而良好人際關係才是最重要和持久的快樂來源。

應對當今瞬息萬變世界的挑戰，全球教育的主流趨勢以培育孩子二十一世紀核心素養為目標，其中最重要的就是世界公民素養。世界公民素養教育能幫助孩子提升學習力、品格力、溝通力、社交力、情商力、領導力、協作力、解決問題能力和批判性思考力。這些都是影響孩子一生及鋪建成功道路的關鍵技能。

培育世界公民素養不像學科和才藝，能看到立竿見影的成效，它是需按部就班完成的複雜及浩大工程。因此，在孩子成長的初期就應該讓世界公民素養教育往下紮根。誠如希臘作家普魯塔克所言：「品格只是長久持續下來的習慣」。若把這些素養持續在生活中實踐，不需思考就能自然而然得體現出來。

你希望孩子關心世界嗎？父母和教育者可嘗試針對聯合國永續發展目標提問孩子關於環境保育、貧窮糧荒、人權平等這類的問題，引發孩子對世界的好奇心和關心。你希望孩子成為良善、有領導力、能包容多元文化的優質世界公民嗎？父母和教育者就必須言傳身教樹立世界公民的榜樣。甘地說過：「你必須成為你在世界上想看到的改變。」當我們不說教，而是以身作則，一旦孩子體驗到這些行為所帶來的積極感受，就會跟著身體力行。

納爾遜・曼德拉曾說：「教育是改變世界最強而有力的武器。」用教育造就具有全球視野、解決全球問題及利他思

維的未來世界公民領袖，將會是對世界極具意義的偉大貢獻。為了未來地球和人類的永續發展和繼續生存，我們十分迫切需要培育優質的世界公民。

　　當今社會對孩子來說，最困難的是看不到具備世界公民素養的表率。大家在閱讀本書時會發現，培育孩子各項素養的重中之重就是大人們必須以身作則。期盼所有父母和教育者能為孩子樹立一個值得仿效的楷模。這也是我寫《現代家長必學的未來領袖養成計劃》這本書的起心動念。

推薦序

　　教育是不分國界的，但由於世界經濟的發展競爭，現代家長對孩子的教育全都仰賴學校，而學校又因為制度和技能科目的排擠，即便有心想培育孩子的公民素養，學校和老師也使不上力，有關公民素養的教育缺口，世界各國都面臨同樣的難題，這個問題也是不分國界的。

　　既然素養教育是全世界的問題，正如『前言』所述未來孩子的成功關鍵和領導能力，就在這本書裡了。世界公民意識是聯合國永續發展目標的基礎，其首要目標是培養對所有人的尊重，建立對共同人性的歸屬感，並幫助學習者成為負責任和活躍的世界公民。

　　長期投注於世界公民素養教育的林凡維老師在《現代家長必學的未來領袖養成計劃》一書中強調父母要從小開始培育孩子的學習力、品格力、溝通力、社交力、情商力、領導力、協作力、獨立思考及解決問題能力，幫助孩子成為具備世界公民素養的未來領袖，這個理念不但和全球未來教育趨勢接軌，而且極具前瞻性。因為這些都是幫助孩子因應科技快速發展、社會多元化及全球化的挑戰取得成功必須具備的關鍵能力。

　　非常榮幸能以全球知識交流基金會（GKE Foundation）的角色為這本書題序，GKE 基金會是由一群有遠見的教育家和企業家於美國所成立的非營利組織，我們專注於支持建設和發展「聯合學習，聯合世界」(United Learning, United World)議題，推動全球學習生態教育項目並支持全球知識交流計劃平台。目前我們除了成立智庫團隊、世界公民俱樂部外，同時也規劃成立世界公民學院（World Citizen Academy），主要在幫助兒童及年輕人發展世界公民核心素養的能力，使他們能夠積極面對和解決全球的挑戰和問題，並主動為建設更和平、寬容、包容和安全的世界貢獻力量。我們和林凡維老師對世界公民素養教育的理念非常契合，因此未來將採用本書做為世界公民學院的通識教育的基礎教材，並將其印製成各種語言發行全球。

　　教育是改變世界最強而有力的武器。本書提供了一個完整的養成基礎計劃，幫助想培育孩子成為未來世界公民領袖的父母一個具體的規劃方向。期待未來能培養出一群能「為天地立心，為生民立命，為往聖繼絕學，為萬世開太平」的世界公民領袖。

James K. Chang（張光進）
創始人/執行長
美國全球知識交流基金會（GKE Foundation）

目 錄

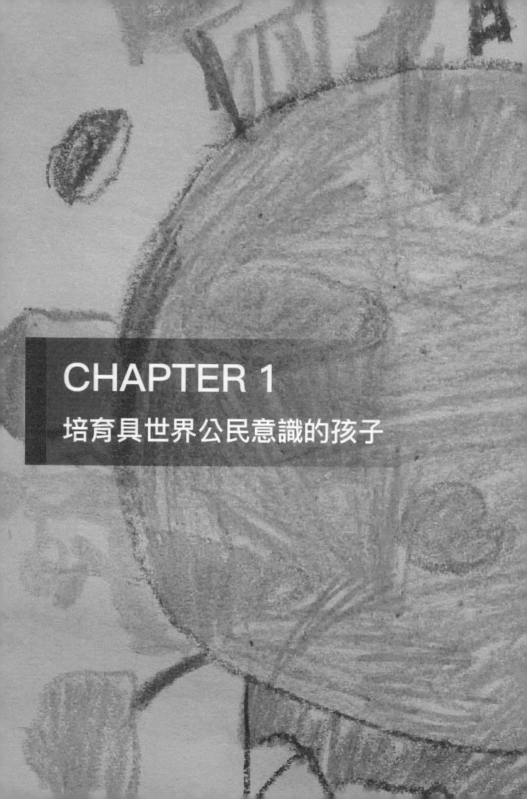

CHAPTER 1
培育具世界公民意識的孩子

1-1
如果不只是國民，更是「世界公民」？

世界公民並非指擁有許多不同國家的護照，更非指去過許多國家旅行。而是具備世界公民的價值觀和思維。成為世界公民並非要我們更改國籍或數典忘祖，而是把這種思維轉化為生活實踐的方式。每個人都能依自己的想法、經驗、背景和文化給予世界公民下定義。以下是世界公民聯盟（World Citizen Alliance）所下定義：

「我們都是世界公民。在這個瞬息萬變的地球村和教室裡共同生活和學習。經由知識經驗的分享，良好關係的建立及同心協力的合作，我們能打造一個更美好、更快樂，和更文明的世界。透過世界公民的理念，提供每個人開拓全球視野、挑戰觀念、接納文化差異、成為終身學習者，以及了解文明禮儀、同理心、服務和良善的機會。確保世界上的每個人、家庭和社區都能夠了解彼此和周遭的美好世界，共創幸福和諧的生活…」

世界上許多人只在意自己所在的生活圈及與自己類似的人，對非我族類的人不但關注度不足，甚至排斥異己。假設每個人對自己的身份認同都是地球村裡的居民，我們都

是世界公民，無論我們住在世界的哪個角落，都能在安全無虞和彼此尊重、接納，以及包容的氛圍中共享歸屬感，這樣就再也沒有人需要為自己的身份認同而困惑抑或受傷害了。

　　未來的世界將需要許多具全球視野、能解決全球問題和利他思維的世界公民。凡對自己的認同能夠超越地理或政治界限，積極展現世界公民素養及有利他思維的人，將成為未來各種領域的領袖。

　　談到利他思維，就想到 2006 年在美國的一位 5 歲女孩凱薩琳‧考邁（Katherine Commale）。她在和媽媽一起看一部關於瘧疾的紀錄片時，發覺到非洲平均每三十秒就有一個小孩死於瘧疾，令她非常驚恐，因而決定為非洲的小孩做些什麼。於是小小年紀的她開始在學校和教會演講募款，為了買蚊帳寄去非洲幫助這些小孩。她的良善舉動逐漸地感染了身邊的人，並在美國國內廣泛傳播，引發了社會各界人士的響應，紛紛慷慨解囊。包括比爾蓋茲在內，世界各個角落的人們受到她的愛心感召，捐款也如雪花般飛來。

　　成為「蚊帳大使」的凱薩琳，不因為年齡、種族和國界的分別，以真誠的心讓「孩子救孩子」的善舉，感動世人並獲得各界人士的迴響及幫助，是超越國界、種族和文化的利他思維的最佳體現，更為現代年輕世代樹立了一個優質世界公民的典範。

1-2
文化素養具有接納不同文化的強大包容力

　　台灣即便只是個小小的島國，但也富含多元的族群和文化。要成為世界公民，並能有效地與不同文化的人互動，首先要培養孩子的文化素養。文化素養的建立包含以下三個要項：

1. 了解自己的文化

　　幫助孩子深入了解自己的文化，先對自己的文化產生認同感，才能從社區拓展至世界了解和包容其他相異文化。

2. 提升跨文化溝通能力

　　教導孩子如何與不同文化背景的人溝通。加強外語能力和跨文化的非語言溝通力。訓練孩子積極傾聽更是促進跨文化溝通的有效策略。

3. 尊重和接納文化和價值觀差異

　　面對愈來愈多元的社會，孩子需要學習如何發揮同理心、尊重和接納彼此的文化和價值觀差異，以避免偏見或歧視。

　　我的兩個孩子都在台灣出生，女兒 4 歲和兒子 1 歲時，我先生因工作被派遣回美國。四年後，先生的工作再度調動，我們又搬到了新加坡。像他們這種背景的孩子被通稱為第三文化孩子（Third Culture Kids）。這個詞是由美國社會學家 Ruth Hill Useem 於 50 年代所發明的。專指在性格形成期沒有生活在父母祖國的兒童。為了能增進他們對自己祖國文化的認同感，我們每年帶他們回美國和台灣，讓他們能深入了解自己祖國的文化並學習語文。

　　居住在具有多元種族、文化和宗教信仰的新加坡，以及在涵蓋了來自 60 多個國家的同學、師長和行政人員的新加坡美國學校上學。我們的孩子剛開始的確有些文化衝擊，但漸漸地他們學會了如何用三維視角去欣賞、包容與接納種族文化的差異，也拓寬了他們的全球視野。這些經歷對他們日後在各方面的發展上有非常積極和重要的影響。

1-3
提高尊重人權和平等意識，
平權的真義即「人」權

《世界人權宣言》明示世界各地所有人均享有人權和平等，不得基於種族、膚色、性別、民族、年齡、語言、宗教、政治或其他觀點、民族血統或社會出身、身心障礙、財產、出生或其他身份地位不同等等，而受到侵犯和歧視。

談人權平等並非喊喊口號即可，而是必須身體力行。父母若想教育孩子性別平等的觀念，但卻不准男孩買芭比娃娃或讓女孩玩海戰棋，那要如何傳遞孩子這個觀念？

此外，受新冠病毒疫情影響，全球種族歧視的問題越趨嚴重。據美國紐約警署的統計顯示，自疫情爆發以來針對亞洲人的仇恨犯罪率暴增 1900%。對在美國文化最多元、對各類族群最具包容性的代表城市紐約來說，簡直是匪夷所思。不過，亞裔在美國遭到歧視是早就存在的問題，連擁有九年 NBA 資歷的亞裔球員林書豪都無可幸免被叫「新冠病毒」。世界各地類似人權遭侵犯和蔑視的情況層出不窮，足見世界公民意識的提升是全球刻不容緩的課題。

1-4
未來教育的宇宙觀，
決勝在孩子的心

> 沒有人生來會因膚色、背景、宗教而憎恨他人，憎恨是人們後天習得的。如果人們能學會恨，他們也能被教會去愛。因為對於人的心靈來說，愛比恨來的更加自然。
>
> ── 納爾遜・曼德拉

父母或教育者的教育方式會影響孩子的價值觀判斷。倘若孩子在成長的過程中遭受不平等或歧視對待，有可能誤導他們用同樣方式對待他人。因此，除了要善待孩子外，從幼兒時期就應教導用尊重和平等的態度面對不同種族、宗教、文化、性別或身心狀況的人。

研究顯示，7 歲以下的孩子對一些生理特徵，如膚色、頭髮或語言，能察覺別人在某方面和自己不同，但不存在偏見。在這段時期是父母和孩子討論種族差異知識和避免種族偏見的好時機。這將幫助他們日後對不同種族的人更有同理心和包容性，並培養其世界公民素養。

　　美國維珍銀河(Vergin　Galastic)和亞馬遜藍色起源（Blue　Origin）的太空船在 2021 年順利完成第一次載人往返太空和地球，實現地球人飛往太空旅遊的夢想。另外，太空探索技術公司 SpaceX 也已如火如荼展開火星殖民的開發和測試計畫。這意味地球人已被賦予「宇宙公民」的新身分。為了使人類不被瞬息萬變的巨大時代潮流所淘汰，未來的教育不能再從單一族群或國家作為教育的出發點，而是要以地球為整體觀點來看待教育。也就是把個體、社群、世界及宇宙連結為更加寬廣不受限的全人教育理念。換句話說，未來教育應以更全方位的世界公民素養教育來達成培養孩子成為世界公民的終極目標。

　　從外太空看地球是沒有任何界線的，大家都是生長在地球村裡的居民，因此我們與生俱來的身份就是世界公民。當今地球遭遇嚴峻挑戰，包括極端氣候變化、人口老齡化、公共衛生問題、資源短缺、自然生態破壞及污染、饑荒貧窮及糧食安全、人權不平等、種族和性別歧視和宗教信仰衝突等等，這些都是我們責無旁貸必須承擔的責任和解決的問題。全球人類都是休戚與共的命運共同體，唯有同舟共濟才能確保地球永續發展和人類繼續生存。

1-5
二十一世紀全球核心素養

　　高科技時代使得人類對許多工作將被人工智慧取代產生危機感。如果想提升孩子和 AI 競爭的優勢，就必須培養 AI 無法取代和超越的技能。二十一世紀核心素養就是幫助孩子應對科技快速發展、社會多元化及全球化的挑戰並取得成功所需的一系列能力。全球有許多國家和國際組織包括美國、加拿大、中國、新加坡、韓國、台灣、俄羅斯、亞太經濟合作組織（APEC）經濟合作與發展組織（OECD）、聯合國教科文組織（UNESCO）和歐盟（EU）等，他們依據不同教育目標選取核心素養框架並推展。它共分為兩大類 18 項核心素養：

　　領域素養：包括「基礎領域」的語言素養、數學素養、科技素養、人文與社會素養、藝術素養、體育與健康素養；「新興領域」的信息素養、環境素養、財商素養。

　　通用素養：包括「高階認知」的批判性思維、創造創新力、解決問題、學會學習和終身學習；「個人成長」的自我意識與自制力、人生規劃與幸福生活；「社會性發展」的溝

通交流、團隊協作、領導力、多元文化與國際理解，及公民責任與社會參與。

根據調查，有 98.5% 的教育者相信全球素養對孩子的未來非常關鍵。要讓孩子們具備全球思維就必須把世界公民的素養教育納入學校的核心課程中。目前各學校施行的核心素養課綱比較偏重於學科知識和技能，而忽略了學習與生活的結合，使得孩子感覺無法學以致用。真正的素養教育應付諸實踐，才能彰顯學習者的全人發展。換言之，核心素養不能只是強調狹隘的的認知能力，而是生活上能實際應用的技能。

現代父母對孩子教育所關注重點普遍失衡，於是我們看到誇耀孩子考試得滿分或才藝比賽拿冠軍的父母比比皆是，但會以擁有良善、富同理心和喜歡幫助別人的孩子為榮的父母則寥寥無幾。而在學校被表揚的大多是成績和才藝優異的孩子，職場上也只獎勵業績表現卓越的人，難怪許多人把品德素養視如敝屣。

要激發孩子世界公民未來領袖的潛質，父母和教育者本身也必須具備世界公民素養。從日常生活做起，例如鼓勵孩子學習外語、嘗試來自異國的食物、參觀典藏不同國家文物的博物館、到圖書館借閱有關世界各國風土民情介紹的書籍，或是參加由居住本地來自異國的人所舉辦的文化慶祝

活動等等。教育者引導學生以全球思維為學習的方向，並經常讓學生參與用系統性及批判性思維來解決現實世界中的問題，培養他們未來解決世界問題的能力。教育的目的不能只教孩子追求成功，更要強調成就他人，這是領袖非常關鍵的特質。

CHAPTER 2
培育尊重和善待萬物的孩子

2-1
發自真心才是尊重的內涵

> 愛人者，人恆愛之；敬人者，人恆敬之。
>
> 一孟子

　　尊重是在日常生活中與人相處首要之道。我十分推崇「四一準則」，它是指：每一個人，在每一個情境，每一次都得到一樣的尊重和體貼。除了尊重自己和群體外，從世界公民的角度來看，我們還必須尊重異於自己的文化、種族、宗教，以及尊重大自然、萬物生靈和地球。

　　過去台灣社會環境不講求尊重的必要性，以致於當今社會大眾普遍缺乏這項素養。孩子要成為具尊重素養的公民，應在成長過程中持續學習尊重自己與他人。尊重是對待自己、他人及生活環境偏見態度的改變。父母要引導孩子即使無法認同他人的言行，也應該理解和傾聽，並接納每個和自己不同個性和特質的人。尊重是雙向道，唯有尊重他人，才能得到同等的對待。不過，徒具形式的行為不足以讓人感到受尊重，必須是發自內心的尊重。

2-2
自尊自重，由內而外，才能真正博得別人喜歡你

尊重始於尊重自己，自尊由認識和欣賞自我開始。瞭解及欣賞自己的特質後，才懂得如何尊重他人。孔子說：「人必自重而後人重之，人必自侮而後人侮之。」一個人是否受人尊重，很大程度也取決於是否自我尊重。尊重自己可以從基本的外表儀容做起，得體的衣著除了能讓自己更有自信，贏得別人的好感外，同時也是對別人的尊重。

許多人低估了衣著對我們影響力。據英國赫特福德郡大學 (University of Hertfordshire) 發展心理學教授卡倫·派恩 (Karen Pine) 的研究指出，我們應該注意衣著，因它會影響我們的思維過程和感受，從而改變我們的生活態度。派恩教授做了一個實驗，她把學生分為兩組，一組人穿上印有超人標誌的 T 恤，另外一組則是穿著一般的 T 恤。實驗發現穿著超人 T 恤的學生認為自己比其他人更討人喜歡和優秀；當被問及自己可以舉起多少重量的東西時，穿超人 T 恤的學生也覺得自己能舉起更重的東西。

有研究也發現，穿白袍可以提高人們的心理敏捷性，使他們的大腦準備好承擔與醫生相關的心理能力。這表明當

我們內化外層的象徵意義時，我們的內在心理過程和感知能通過服裝來啟動。這些研究充分證明，我們的衣著會產生認知、社會和情感方面的影響，通過穿著來改變大腦的思維過程及激發心理能力，能讓人變得更有自信和快樂。

穿著是每個人必須學習的一門藝術。孩子從小應養成對外表儀容的重視，並理解穿著會影響給人的觀感。父母應該灌輸孩子依不同場合、季節和時間穿著合宜得體的觀念。問孩子假設去醫院看到醫生穿著短褲、卡通 T 恤和涼鞋看病，或者學校老師穿著睡衣和拖鞋講課，他們會覺得受尊重嗎？

教孩子穿著得體，首先要把衣服分類，哪些服裝適合正式場合（如：音樂會、婚禮、教堂或正式典禮）？哪些適合一般場合（如：學校、親朋好友家、家庭式餐廳）？哪些只適合在家裡穿？父母若不清楚，可以上網或從雜誌中找一些圖片給孩子做參考。此外，孩子也要學習整理儀容和養成衛生習慣。千萬不要小看外表儀容的重要性，它們不只影響孩子的社交生活，更是提高未來職場競爭力的重要一環。

2-3
如何尊重他人
懂得尊重自己從而也會尊重他人

　　尊重他人要從家人做起,父母要先為孩子示範什麼是尊重行為,才能教導他們如何尊重家人及展現有禮貌的言行。不少家庭因忽略彼此尊重而造成家人之間關係的裂痕,以致於造成家人之間的疏離感和爭執,更嚴重的是導致家暴。尊重要從家庭教育培養,以下是家人之間應有的基本尊重行為:

> 進入彼此的房間前需要先敲門和經過允許。
> 借用東西是要先經過同意再使用,用完後放回原處,並說謝謝。
> 要家人幫忙做事,說「請」或「拜託」,並表達感謝。
> 對家人做出不禮貌的行為,讓人感覺不受尊重時,要誠心道歉。
> 當孩子做錯事,父母要先冷靜地了解情況,盡量不要反應過度,否則可能導致對孩子的負面行為示範。
> 嚴選孩子看的電視或網路節目或影片,如果看到裡面的角色沒有互相尊重,要立即向孩子指正。
> 家人彼此間應站在對方的立場著想,展現同理心。
> 與家人談話時要收起手機,全神貫注地傾聽。

> ➤ 家人是我們最親近的人，更應該經常互相讚美和鼓勵。譬如，「媽媽做的晚餐真好吃。」「弟弟賽跑拿到第二名，好厲害！」

從小養成尊重家人習慣的孩子，在外更容易尊重別人，無論面對鄰居、老師、同學、朋友或陌生人，都會保持一致的應對進退。

現代人在職場上對尊重的意識也非常匱乏。一位在企業當主管的朋友抱怨，他親自打電話給五個人到公司面試並且要求攜帶履歷表。結果其中四個人不但爽約，甚至連一通電話或簡訊通知都沒有，唯一前往的面試者也未帶履歷。根據一項研究調查指出，社會新鮮人在進入職場的 18 個月內，被解雇或離職率很高。89%的企業主管認為「態度問題」是造成被解雇或離職的主要原因。

每個人面對事情的態度，往往和我們本身的心態有絕對的關係。如果我們很重視一件事物或一個人的時候，我們會願意排除萬難來完成它或讓對方感到受尊重。關於態度，有句非常貼切的話：「不良態度如同漏氣的輪胎，如果不把它換掉，你哪裡都去不了。」

2-4
保護地球（地球的生命力－取決於人類的環保教育

　　《2020 年地球生命力報告》的調查顯示，地球上生命的豐富多樣性正在以驚人的速度消失中。隨著世界全球貿易、消費和人口爆炸式的成長，加上林木、礦產、動植物資源過度開發，以及高度城市化，造成全球天翻地覆的改變。人類對大自然予取予求的行為，導致萬物喪失賴以生存的棲息地、過度捕撈擾亂海洋生態系統，以及氣候變遷。

　　全球人類遭受可怕致命新冠病毒攻擊和發生在世界各地的氣候異常，是人類破壞生態環境，大自然反撲的最好例證。如果人類不即時採取行動修復我們和大自然的關係，持續剝削地球，類似新冠的致命病毒將會再次肆虐全球，人類將自食惡果再度付出生命、工作和經濟損失的代價。

　　海塑污染無所不在，塑膠破壞了生物棲地、危害生態系統，至今已有 800 多種物種受到海塑污染的影響，包含：100%的海龜物種、40%的鯨類生物、44%的海鳥種類。研究報告指出，海洋中塑膠垃圾現存量超過 1.5 億噸，如果我們再不改進，到 2030 年，海洋垃圾將增加 2 倍；到 2050 年，海洋中的塑料按重量計將比魚多。海洋垃圾不只透過食物鏈

的方式侵襲海洋生態、破壞生態平衡，而且它碎化後更容易吸附有毒物質，當其進入人體，將造成人類嚴重的健康損害。這也是聯合國在永續發展目標裡把「保護海洋資源」和「保育陸域生態系統」納入 2030 年前要全球人類共同努力達成的目標的主要原因。

台灣近年來飽受缺水的威脅，全球氣候變遷固然是主要肇因，但是我們可以在生活中養成節源的習慣。從小教導孩子環保原則和可再生思維，是父母重要的職責之一。最簡單的方式就是示範和教導孩子做垃圾分類並整理回收物，並告知回收再利用對地球的意義。以下是一些實際範例：

1. 教孩子重複使用物品

把紙箱、紙巾卷、鞋盒、保特瓶或舊報紙雜誌等拿來創作成藝術或手工藝品。任何物品再丟掉之前都可以問孩子是否可以拿來製作成實用的物品。

2. 避免使用一次性產品

塑料餐具、水瓶、一次性筷子等產品要儘量少用。為孩子準備可重複使用的餐具和水瓶。告訴孩子塑料物品在土壤中無法溶解，丟棄在海洋也會使海底生物誤食威脅其生命，並對地球造成負擔。

3. 前往戶外接觸大自然

利用週末或假期帶孩子到動物園、植物園、國家公園或海邊。父母行前可設計一個尋寶遊戲，讓孩子依據圖片找尋動物或植物，或是安排露營活動，讓孩子有機會藉由喜歡大自然，進而關心環境。

4. 和孩子做保護環境義工

和孩子一起參加淨灘、到公園或社區撿垃圾或做垃圾分類的義工。學習清理和分類垃圾，幫助孩子了解隨地丟垃圾和不做垃圾分類對環境造成的負面影響。

5. 在家中使用環保的用品

在家中使用環保餐具、清潔用品或日常用品，跟孩子們解釋為何這些用品對環境更好。

6. 使用書籍和電影做參考

用環保相關書籍教孩子認識動植物名稱或觀賞如《風中奇緣》、《獅子王》或《瓦力》等與環保相關的好電影，教孩子尊重自然的重要及好處。

　　如果父母從小就教導孩子隨手關燈、減少用水、垃圾分類，及回收利用等尊重環境的表現，將有助於養成節約能源和愛護環境的終身好習慣。

2-5
善待動物（萬物的生命力-人類善性與靈性的教育

　　大多數的孩子都喜歡動物，很少孩子不愛去動物園或水族館的，想養寵物的孩子更不在少數。動物是大自然美好的一部分，也是人類生活中的好朋友，除了狗、貓等寵物外，其他的牲畜和野生動物，也值得我們關愛。孩子從小就要學習與動物互動最佳的方式。父母可以示範如何溫柔撫摸動物，並告訴他們騎乘、打或拉尾巴等行為是不能容忍的行為。要孩子尊重動物，首先要教他們辨識動物的特定行為意味什麼，例如動物狂吠和發出嘶嘶聲時表示動物處於不安狀態，此時要給動物空間，不可以去戲弄他們。

　　有一個令人震驚的數字顯示，自 1970 年以來，哺乳動物、鳥類、魚類、兩棲動物和爬蟲動物的種群數量平均下降了 68%。這個數據彰顯了人類不尊重這些動物的生態環境，破壞他們生存空間。父母應該教導孩子每個生物都值得善待，尊重動物會提高孩子的環境意識。讓孩子了解保護動物的棲息處和愛護動物可以讓地球有個健康的生態平衡，尊重動物是非常重要的。以下是教導孩子尊重和關心動物的一些方式：

1. 到動物收容所參觀或當志工

　　孩子可以學習如何跟動物互動和照顧他們。

2. 樹立愛護動物的好榜樣

　　孩子通常會透過觀察來學習，父母友善對待動物包括不打或踢動物、不對動物叫罵或使用負面的語言等。

3. 參觀動物園或野生動物園

　　帶孩子去動物園或野生動物園可以觀察和學習動物們的生活習性。

4. 清理可能危害動物的垃圾

　　帶孩子到公園或海灘清理垃圾，並向孩子解說為什麼像塑膠類的垃圾對動物的生命造成威脅。

5. 一起閱讀有關動物的書籍

　　坊間有許多關於大自然中動物的生活方式，或者一些與動物相關的故事，可以幫助孩子提升對動物的尊重和同理心。

6. 教孩子如何照顧寵物

在家裡養寵物，教導孩子了解該寵物的生活習性、如何照顧寵物，如：餵食、清潔和帶寵物出去活動，以及與寵物良好和安全的互動方式。

愛護天地萬物，與所有的生靈和諧共存是世界公民應具備的重要意識和責任。善待人類唯一的家園，使地球變成欣欣向榮的永世樂土。

CHAPTER 3
培育具有高社交智能的孩子

3-1
「社交智能」決定未來生存競爭力

> 我們的生活品質取決於我們與人相處的能力，充滿
> 關愛的融洽關係會帶來幸福的生活。
>
> ——P. M. 傅尼

　　提高社交智能的主要目的在幫助孩子懂得如何建立良好的人際關係。根據哈佛大學一項長達 75 年的研究指出，人的一生讓我們更幸福和健康的秘訣在於良好人際關係，而非名氣、財富或成就。

　　我和父母們談到教養孩子，經常會問：「你希望看到你的孩子 10 年後是什麼樣子？」「如果在孩子都能『成功』的前提下，你希望培養出成功，卻傲慢無禮的孩子？還是良善體貼的孩子？」無庸置疑，父母們都想選擇後者，只不過面對競爭激烈的社會，大多數的人屈就於現實情況下，還是選擇了以功利價值觀為導向的教養方式。父母能給孩子一生中最寶貴的資產，就是良好的教養。禮貌是教養的根基，同時必須從家庭教育開始做起。

　　我曾和一位在中國經營國際學校的朋友聊到在學校所接觸到的家長對孩子教育的心態。她忍不住感嘆，父母對孩子的學校教育，唯一在乎的就是拿到優異的學科和托福考試成績，以進入國外的頂尖大學。更有甚者，很多家長為了確保孩子拿到好成績，對孩子百般討好，並縱容孩子對他們頤指氣使。很難想像，這些態度驕縱蠻橫的孩子即便未來進了頂尖大學，10 年後真的就能擁有成功的人生嗎？

　　美國全球知名的民意和商業調查諮詢公司蓋洛普（Gallup）和普度大學（Purduo University）花費好幾年時間，大量蒐集資料完成了〈Gallup－Purdue Index〉指標性研究。該研究的主旨在了解美國的大學教育歷年來在所有大學畢業的人的生活和職場上帶來的影響。他們在 2014 年及 2015 年針對共約 9 萬名各個年齡層大學畢業的人做了關於職場相關項目的民調，其結果突顯了一個事實，那就是決定個人職場成功與否的最重要關鍵，是你本身的社交能力，跟你畢業於哪所大學無關。換言之，發展孩子的社交能力比學業成績更加重要。

　　研究發現，強大的社交能力可減輕孩子在學校的人際壓力並建立更好的同伴關係，它是孩子成長過程中每一天都要掌握的技能。根據美國賓州大學和杜克大學的研究表明，孩子在五歲前善於分享、傾聽、合作和遵守紀律，其上大學的機率比較高，他們在 25 歲前更有可能找到穩定的工作。一篇發表在《美國公共衛生雜誌》的研究也指出，孩子在學

前具備良好社交能力是預測未來能否成功關鍵指標。父母可從小教導孩子分享及與他人合作，為其社交技能奠定基礎。

1. 教導孩子和他人分享

在教導孩子分享時需注意一個重要的原則，就是不要強迫兩歲前的孩子分享。因為他們還處在以滿足自己需求為主的階段，共享和借用的概念尚未成熟。兩歲之後，父母可以鼓勵孩子注意別人希望能和他輪流玩自己正在玩的玩具。當孩子想玩別人的玩具時，父母需教導如何耐心等候，不宜搶奪。平時也要指導孩子用禮貌用語，請求和別人共享玩具。當孩子和他人分享時要給予讚美，並指出孩子如何讓別人感到快樂。例如「你和浩浩分享小汽車，他好開心。你真棒！」

2. 教導孩子和他人合作

無論是操場上的體育競賽、教室裡的各類工作、各項才藝表演，或是學校專題作業，甚至延伸至成年後的職場和生活中，都需要藉由團隊合作來達成共同的目標，因此具備合作技能對於人際關係至關重要。父母要鼓勵年幼的孩子和其他同齡孩子共同堆建樂高或積木、完成拼圖或其他需要合作才能完成的遊戲來培養合作技能，並在他們完成後強調共同達成目標的成就感。

3-2
奠定孩子未來人脈基礎的最好時機

社交智能對孩子未來生活和職場的成功非常關鍵，父母應從小就幫孩子建立社交圈，雖然一般年幼孩子的互動有限，但是他們還是很喜歡看到其他的孩子。友誼幾乎在每個年齡段都很重要。儘管孩子在 3 歲前還不懂得如何和其他孩子交流互動，但是每個幼兒都希望擁有一些玩伴，因此父母可以幫助孩子製造一些機會和教他們如何與他人建立友誼。

我的孩子在 1 歲半至 4 歲這段期間，我和社區裡的媽媽們組織了一個共玩團體，每週讓孩子們固定一天輪流到不同的朋友家玩，或是帶孩子們一起去公園、遊樂場和動物園玩或郊遊。後來這個團體不斷有新的媽媽帶孩子加入，他們的社交圈也隨之擴展。孩子們玩得不亦樂乎，媽媽們也趁機交換育兒心得，可謂一舉兩得。

參加共玩團體對孩子社交能力的提升有很大的助益。除了每週到新的環境和玩新的玩具能增加更多探索的機會，而且能時常接觸家庭以外的人，學習和他人互動。鼓勵孩子多接觸別人有助於適應日後的學校生活，學習人際交流方式及增加實際生活體驗，奠定他們未來建立人際關係的基礎。

3-3
如何幫助孩子駕馭社交世界

結交朋友對孩子成長很重要。若孩子幾乎沒有朋友或從不被邀請跟其他孩子一起玩，對孩子來說會感覺很孤單，甚至感到痛苦。人際關係有助於孩子建立自尊和自信、情感和道德發展、與他人合作、解決衝突，以及提高社交能力。交朋友不僅讓孩子學習如何與他人交流，而且幫助他們學會控制自己的情緒，並建設性地表達自己的感受。

健全的友誼關係還能增強孩子的歸屬感和認同感。有很多方法可以幫助孩子駕馭他們的社交世界並建立和維持良好的友誼。

1. 父母示範如何與人相處

父母對待孩子的方式會影響情緒發展和社交行為，因此必須為孩子做良好示範。當父母使用積極的管教策略並向孩子表達溫暖和尊重，孩子更有可能以友善和同理心的態度對待他人，使他們更獨立及受同儕喜愛。此外，父母要儘量避免在孩子面前和人發生衝突如爭執、吵架，以及各種消極的情緒，以免影響孩子建立人際關係的發展。

2. 和孩子玩角色扮演

角色扮演是讓孩子開始社交互動和結交朋友的好方法。通過扮演各種不同的角色，或是用一些布偶、娃娃做對話來練習如何與不同的朋友互動，將能幫助孩子學習更適當的方式與他人相處。

3. 稱讚他們的良好表現

大多數父母都知道稱讚孩子的必要性，除了讓他們知道自己哪裡做得好並值得嘉獎，還能激勵他們持續良好的行為。尤其當孩子到新學校或參加新的課外活動等陌生環境，克服了害怕，主動交朋友時，一定要告訴他們是多麼有勇氣。

4. 讓他們想辦法處理事情

年幼的孩子在交友方面因缺少經驗，所以是一項極具挑戰的新技能，父母此時盡可能給予他們多些幫助。然而，隨著年齡增長，為了與同儕建立良好關係，他們需要能夠採取平和的方式解決衝突。他們要理解他人的需要和想要的，而且要能預測各種行動的後果。父母即使知道孩子可能會犯錯，仍須放手讓他們自己想辦法處理事情，這樣他們才有機會去摸索和學習與人相處之道。

5. 舉辦鼓勵合作而非競爭的社交活動

玩遊戲能促進孩子們友誼的建立。研究顯示，無論在課堂上或玩耍時，當孩子們參與合作活動，為共同目標努力時，他們會相處得更好。因此，在發展出更好的社交技能之前，鼓勵孩子玩合作遊戲，對他們建立友誼更有幫助。從小學習如何與人合作是非常重要的技能，這和在競賽場上為了爭取榮譽而競爭有所差別。父母可以鼓勵孩子和朋友在玩遊戲時遵守規則並以合作為目的，避免競爭，否則引發衝突，反而會損害友誼。

6. 尊重文化差異

世界是不同民族和文化的大熔爐。孩子很可能在某些時候會遇見與他們不同語言、宗教和文化的朋友。父母應鼓勵孩子認識與自己不同的朋友，來增廣見聞和拓展世界觀。但當涉及他們的信仰、著裝規範或行為時，父母應引導孩子保持尊重和開放的態度接納別人和自己的差異。

7. 給孩子時間練習

結交新朋友是一項需要時間學習養成的技能，如果孩子比較害羞或不太積極交朋友，父母要給他們一些時間，不要著急或恐慌，免得讓他們認為自己做錯事，造成心理壓力。一旦孩子抓住訣竅或是有了交朋友的成功經驗，熟能生巧

就會越來越有信心。不過，父母若真的很擔心孩子有社交方面的障礙或焦慮，也可以尋求專家做評估。

8. 別拿孩子跟別人比較

父母在孩子的教養上最常犯的一個錯誤就是拿他們和其他人的孩子做比較。雖然有時候透過比較的確可以了解孩子在哪方面需要改進，但是每個孩子都有身心發展的獨特時間表，家長必須有耐心觀察，否則會引起孩子產生自我懷疑，甚至自卑感，對他們的心理影響很大。此外，當父母拿孩子和別人做比較時，會讓孩子滋生嫉妒和消極的負面情緒，這對孩子結交新朋友將形成阻礙。

9. 不要忽視社交問題

當孩子持續難以交到朋友，父母絕對不可忽視它，有必要找出問題的根源。一般來說，有行為問題的孩子通常更難交到朋友，父母應觀察孩子與其他孩子互動時的情況。孩子是否太霸道、好鬥、敏感、孤僻、還是太害羞而無法建立友誼？最好也和孩子談談並了解問題所在，共同找出解決問題的方法。倘若發現孩子可能是因健康狀況而影響他們的社交關係，需要找專業的醫生或專家做評估，看孩子是否有注意力不足過動症（ADHD）、自閉症或焦慮症等。

10. 建立友誼的談話技巧

　　大多數的人都愛談論自己，提問關於對方的問題是建立友誼的最佳切入點。父母和孩子腦力激盪在社交場合可以問哪些類型的問題。如「你喜歡什麼運動？」、「你放學後喜歡做什麼？」、「你最喜歡的休閒活動是什麼？」「你有幾個兄弟姐妹？」「你的老師是誰？」等等。利用晚餐時間和孩子通過角色扮演在餐桌上練習。

11. 為朋友的勝利而高興

　　為朋友的勝利而感到如自己的勝利一般高興是維持友誼的積極行為。研究證明，它還可以增進婚姻和其他關係。父母可為孩子舉例，假如他們的朋友在比賽中擊敗自己的團隊，或在考試中取得比自己更好成績時，一般自然反應可能是嫉妒，但能以開放的胸襟祝賀朋友，將能建立更深厚的友誼。除此之外，當自己成功時，朋友也會以同樣方式作為回報。

12. 展現同理心和慈悲心

　　同理心是一種能夠站在別人的立場，並理解那個人的情緒和感受的能力，它不僅是思維方式，也是行動體現。當孩子感受到別人的痛苦，並想要採取行動幫助減輕其痛苦或改善困難處境，這就是慈悲心的體現。為了培養孩子的慈悲

心，父母可從日常情境或故事中問孩子能做什麼來幫助他人，例如「你看小敏很難過。你怎麼做讓她感覺好一點？」無論孩子給出什麼答案，只要能激發孩子表現同理心和慈悲心幫助他人，都是值得表揚的答案。同理心和慈悲心是建立積極友誼和良好關係的要素 。它能減少衝突和誤解，並帶來積極的行為及良善，讓孩子在生活中取得更大的成功。

13. 傾聽朋友

每個人都希望被傾聽。主動傾聽不同於被動傾聽，被動傾聽只涉及聽到所說的話，主動傾聽意味著表現出傾聽行為，例如向說話的人前傾、目光注視、提問問題或點頭表示繼續說等。孩子學會傾聽他人將會讓人更喜歡和他們親近。

結交朋友、避免衝突或建立持久的關係雖然沒有簡單的公式可循，但是對於正在學習建立和維持友誼的孩子來說，遵循以上的準則可能是一個好的起點。

3-4
打造最佳第一印象
–父母做好最佳示範

我們經常聽到「你永遠不會有第二次機會留下良好第一印象。」這句話。雖然說我們不應以貌取人，但根據科學研究指出，當我們遇到陌生人時，大腦會即刻啟動生存保護機制並在毫秒內判定對方是朋友或是敵人。若大腦判定對方會帶來威脅時，它會發出戰鬥或是逃跑的反應來防禦。所以說，利用第一印象來評量他人是人類與生俱來的一種自我保護行為。

普林斯頓大學心理學家經過一些實驗證明，人們只需要十分之一秒就可以透過臉部形成一個對陌生人的印象，而且即使經過一段長時間也不會顯著改變已經形成的印象。我們很短的時間內就會對陌生人做出快速評價，包括這個人的個性、能力、教育程度、文化背景、經濟地位、社會地位、可信度及好感度等等。儘管這麼短的時間有可能產生誤導，但第一印象的確會形成對一個人的觀感。父母可藉由下列的幾項訣竅來幫助孩子贏得最佳第一印象。

1. 得體服裝儀容

服裝儀容可向別人傳達我們是誰的信息。得體整潔的衣著及儀容能提升孩子的自信和自尊，給人留下持久和積極的第一印象。而父母就是孩子學習如何穿著得體及保持乾淨整潔儀容的對象。

2. 良好姿勢儀態

姿勢儀態除了與建立良好第一印象有關，對孩子健康的影響性亦不容小覷。姿勢儀態和肢體語言的關係也十分密切，例如駝背讓人覺得缺乏自信，拖著腳步走路讓人覺得沒有活力。父母可以利用圖片或路人的姿態給予實際範例來問孩子說：「當你看到一個站立抬頭挺胸的人和另一個彎腰駝背的人時，你對誰的印象比較好？」藉此教孩子站和坐時抬頭挺胸和走路步伐穩健自信能令人產生好感。

3. 經常展現微笑

微笑是世界共通語言。調查顯示，有 48%的人認為，初次見面最令人印象深刻的特徵是微笑。雖然微笑很重要，但必須注意虛假或過度的笑容反而會讓人產生不真誠或掩飾緊張的印象。父母應鼓勵孩子在與人初次見面時，展現適時適當的微笑。

4. 正面非語言表現

　　非語言涵蓋了肢體語言、面部表情、聲音語調和手勢。非語言表現是我們流露自己真實的情感不言而喻的交流元素，也是禮儀的展現。例如與人交談時目光注視，語氣堅定能讓交談者感到信任，讓人感覺有禮貌。翻白眼表示不真誠或帶輕蔑的意味，抖腳表示焦慮不安，這些肢體語言會讓人覺得不禮貌。正面非語言可以提高別人的信任感，進而更有效地表達想法。教導孩子如何展現正面非語言進行人際互動，提升孩子給人值得信賴的好感。

5. 適當目光注視

　　根據科學研究，與人溝通時適當的目光注視有助於加速情感連結。與人交談時注視對方表示傾聽別人說話，也表示對他們說的話感興趣，這是表達尊重的方式。父母在教孩子進行目光注視時要特別告知孩子適時適當的原則。注視時間掌握在 60%至 70%之間，要適度轉移視線，切勿盯著別人看太久。此外，注視的位置也很重要，父母可以和孩子玩一個「額頭上的眼睛」遊戲。雙眼到額頭中間所形成的一個正三角地帶是交談最合宜得體的注視位置，而不是盯著對方的眼睛。

6. 個人距離的掌握

個人空間距離指的是每個人覺得舒適安全，不容別人侵犯的空間。把雙臂舉起並想像一個如被泡泡包覆般的空間就是個人距離，大概是 46～120 公分的範圍。不過，其距離大小可能會因人、國家和文化而異，譬如對家人和親友會比對陌生人的距離更近，北歐國家比南美洲國家的個人空間距離較遠。當我們站得太靠近會讓對方感到空間被侵犯而不舒服或害怕，但站得太遠則會令對方感覺疏遠或冷淡，因此掌握適當個人距離會讓人對你留下好的印象。

3-5
提高社交能力，
從最簡單的方法技巧開始

社交能力是與他人相處融洽必備的一系列技能，包括尊重他人、有效溝通、與陌生人互動、待人有禮、感同身受、表達感謝、處理棘手情況（如被取笑、霸凌或排擠），以及遵守規則等等。社交技能是幫助孩子在社交、情緒和學業上取得成功的關鍵要素，因此父母必須從小培養孩子社交能力，為日後人際關係建立打好基礎。以下是提高孩子社交能力的 9 項技巧：

1. 教導孩子基本禮貌

父母從小就要灌輸孩子基本禮貌，例如坐好吃飯、說謝謝和請、打招呼、不打斷別人說話，以及讓位給需要的人等，幫助他們養成終身的好習慣。

2. 自在得與他人交談

基本的交談技巧對社交發展至關重要。年幼的孩子通常不太懂得如何與人交談，父母可以教孩子說基本的問候語

或非語言溝通，如握手、點頭、微笑或揮手。此外，要等別人說完再說，並要傾聽和回應對方所說的話。

3. 能體察他人的感受

同理心是社交能力很重要的基礎之一。由於孩子，尤其是學齡前孩子和他人的接觸有限，比較難理解如何將心比心。父母可鼓勵孩子發揮想像力，假設自己在某些情境，或是看電視和電影時問孩子對劇中角色的遭遇有什麼感受，如果類似情景發生在自己身上，會有什麼感受。學齡的孩子則可以從學校周遭發生的事情來學習如何換位思考。

4. 有團隊合作的精神

領導力、同理心、溝通、尊重和寬容都是非常關鍵的社交技能；研究指出，通過團隊合作的活動可以培養這些技能。父母應鼓勵孩子多參加戶外運動，如踢足球、打籃球和團康活動，或是需要合作完成的室內活動，如桌遊、拼圖和其他室內遊戲，讓孩子培養團隊協作力，學習與不同類型的人建立關係。

5. 給予他人適當讚美

讚美別人會讓他們獲得一種被欣賞和關注的感覺，同時有助於促進與別人的互動及親近感，建立友誼。要教導孩子

讚美他人，父母需經常讚美孩子。讚美時應該具體說出孩子值得表揚的事，如「玲玲在媽媽忙的時侯幫忙照顧弟弟，好貼心。」或「哇～小凱把房間收拾得這麼整齊，太棒了！」此外，還可以教孩子用肢體語言，如擊掌、鼓掌、擊拳或微笑來鼓勵和讚美他人。

6. 用心傾聽他人談話

傾聽是人際互動很重要的技能，也是表達對別人的尊重。培養孩子傾聽能力最有效的方式就是為孩子說故事。父母在唸故事時順便提問問題，來提升孩子專注力及理解力，而這些能力對孩子的日常人際互動有很大的助益。當孩子興致勃勃地談論他們在學校發生的事情時，父母應放下手邊的工作專注傾聽，並要依談話的內容提出問題或做適當回應，讓孩子感受被傾聽的重要。

7. 展現正面積極態度

父母都希望孩子在各個領域表現出色，積極的態度是取得成功的要素。積極的態度意味著凡事會往好處想、遇到問題會尋求建設性的方式來解決、做事充滿熱情，不輕言放棄，以及對自己充滿信心。這種態度可以幫助孩子實現目標並取得成功。此外，擁有正面積極態度是建立良好人際關係的重要特質，它能讓孩子展現平易近人的性格，成為人人喜歡接近和結交的朋友。

8. 問候他人介紹自己

　　許多父母都遇過同樣的情況，要孩子向人打招呼，但孩子顯得害羞一句話都不肯說，使得雙方感覺很尷尬。對於生活經驗不足的孩子來說，看到陌生人覺得害羞和不知所措是無可厚非的。此時父母可向孩子解釋：「和人打招呼表示我們很高興見到他們，這樣會讓他們很開心。」在家跟孩子練習如何問候他人或握手，6 歲以後的孩子則可學習簡單介紹自己。出門前先告訴孩子會見到誰，讓他們有心理準備，以減少焦慮感。

9. 換位思考解決問題

　　換位思考不一定能解決問題，但是可以打開解決問題的大門，進入解決問題的下一步。舉個例子，媽媽帶兒子去書店，回家後發現兒子書包多了一本書，媽媽沒有生氣，她溫和得對兒子說：「我昨晚沒經過你的同意吃了你的巧克力，你覺得很難過，對不對？」兒子說：「對。」媽媽繼續說：「那你沒有經過老闆的同意，把書帶回家，老闆發現了是不是也會很難過？」媽媽沒有質問或責罵兒子，而是要兒子用換位思考來發現自己犯的錯誤。父母教導孩子在遇到問題時設身處地來探究問題根源，並感受被同理中去思考如何解決問題。

CHAPTER 4
培育高情商和自律的孩子

對於成功、性格、幸福和終身成就而言，真正重要的是一套明確的情感技能-你的情商，而不僅僅是通過傳統智商測試衡量的純粹認知能力。

—丹尼爾・戈爾曼

科學研究指出，胎兒能感受到和母親相同的情緒，若母親情緒經常處在緊張不安狀態，日後可能導致孩子過動、焦慮和學習障礙。由此可見，母親的情緒對孩子的身心健康的影響很大。

剛出生的嬰兒能感受快樂、痛苦或厭惡等不同情緒，並能經由表情和肢體語言進行交流。隨著年齡增長，孩子會從各種經歷感受各類情緒的變化，並學習如何反應及調適。我們的內心世界驅動著生活的一切，因此，能處理好情緒比任何事都還重要。

根據研究顯示，在 5 歲時能夠調節情緒的孩子，上大學的比例比較高，而且成年後也會擁有較穩定的工作。此外，他們接觸毒品、從事犯罪行為和出現心理問題的機率很低。情商較高的孩子更能集中注意力、更專注於課業、擁有更多積極的人際關係，並且更富有同理心。

當孩子出現情緒問題，一般都會被父母或老師貼上調皮搗蛋或麻煩製造者的標籤。孩子每種行為的背後都有觸動該行為的按鈕，但是往往被大人的偏見所輕忽。情緒是相當錯綜複雜的內心反應，孩子可能表面上看起來是憤怒，但當我們願意花些時間去傾聽，才發現其實他們是感到失望。

父母對孩子表現出的不愉快情緒，直覺判斷都是負面情緒，因此第一反應就是加以遏制。然而，當孩子情緒得不到

紓解，就會把它藏在內心。在成長過程或長大成人後，他們若碰到類似情況，就會引發長期積累而成的負能量，這時他們就會發洩在不同事物上，譬如沈迷於網路虛擬世界、吸食毒品，或者更加極端就是以霸凌或暴力方式對待他人。

現代的孩子處在一個競爭激烈的世界，使他們無論是學業或生活上面臨很多壓力。因此，學會情緒管理成為每個孩子必須具備的關鍵的技能之一。父母可以如何協助孩子，提升他們的情緒智能呢？

4-1
沒有「情商」這個詞以前，
只有高興不高興

情商是指能夠辨識自己和他人情緒以及管理自己情緒的能力。要培育高情商的孩子首要工作是教孩子辨識自己的情緒，譬如高興、沮喪、悲傷、憤怒、驚訝、害怕、厭惡，以及害羞等等。當孩子能辨識和表達自己的感受，就可以管理和調節自己的情緒，並積極與他人建立良好關係，減少抑鬱和憂傷對生活帶來的衝擊，變成更快樂的人。

情緒是每個人遭遇各類事物所產生的正常和自然的感受。當孩子有情緒反應時，父母可以和他們談內心的感受。例如孩子參加的籃球隊比賽輸了球，孩子很難過，父母可以說出他們的感受「你的球隊輸了，你一定很失望和難過。」或是父母也可以說出自己的感受「我知道你很生氣今天不能去公園玩。當我不能做我想做的事情時，我也會不高興。」

孩子有可能在與父母交談當下願意說出心中感受，或許他需要獨處的空間和時間來調適，最重要的是幫孩子察覺自己的情緒，並讓他們知道你能同理其感受。此外，父母也可以藉由書籍、電視或影片的人物和孩子討論情緒。讓孩子透過不斷地練習學會辨別情緒，進而增進對自己情緒的覺察力。

4-2
與孩子探討「情商」為何？
領悟自我調節和管理情緒

　　高情商並非指遇到事情能迴避強烈情緒反應，而是能夠用健康的方式來自我調整和管理情緒。控制衝動、在事情發生意外變化時保持靈活，以及在生氣或不安時管理行為反應，都是情緒調節。隨著孩子的成長，若能懂得如何用自我慈悲、善待自己和練習正念，接納和處理自己的情緒是非常重要的。這樣才不會轉向使用不健康的方式如嗑藥、酗酒或暴飲暴食等上癮行為來應對焦慮、緊張、痛苦、憤怒或悲傷等情緒。

　　父母以同理心和建設性的方式與孩子談論如何應對情緒，他們就更有可能發展強大的自我調節技能。孩子的自我調節及處理情緒能力越強，長大後就越有可能發展出積極的人際關係，並成為生活和職場成功的關鍵。根據《哈佛商業評論》（Harvard Business Review）指出，情商是區分傑出員工的關鍵屬性。一項研究也發現，情商佔每個人工作績效的 58％，而具有頂級績效的人中有 90％具有很高的情商。

當孩子還小的時候，培養情緒管理應該圍繞學習接受新挑戰和應對挫折。重要的是鼓勵孩子嘗試新事物，而不要過度保護來避免他們失敗。這些挑戰包括學習新語言或樂器等智力挑戰，也包括嘗試攀岩或跑步等體能挑戰。當孩子失敗時，父母應該幫助他們看到失敗是邁向成功的必要途徑。

在處理孩子情緒時有一個很重要的原則是將情緒（生氣或悲傷）和行為（打人或尖叫）分開。孩子必須知道憤怒、害怕、悲傷或其他情緒都是可被接受的，但違反規矩、傷害他人，以及不恰當的行為則是不被允許的。父母對於孩子不當行為必須加以管教，告訴他們不會因情緒而受到懲罰，但因情緒不佳做出違反規矩的行為，就必須承擔後果。舉例來說，孩子可以因為商店裡最喜歡的冰淇淋賣完感到失望，但因此躺在地上哭鬧打擾別人是不能接受的。

4-3
同理心，有時也是發揮真性情反將一軍

　　有一年帶孩子們去佛羅里達州的迪士尼世界樂園玩。4歲的女兒帶了每天陪她睡覺的心愛小猴子布偶。隔日一早離開飯店前往樂園玩，我們忘了把布偶收起來，結果被房務人員整理床單時不小心收走。回到飯店後女兒發現小猴子不見了，我們翻遍整個房間都找不到。雖然跟飯店服務人員說，但因為床單已經送洗一時無法找回。女兒難過大哭吵著「我要我的小猴子…。」我對女兒說：「我知道妳心愛的小猴子不見了很傷心，我也覺得很遺憾。」女兒的情緒逐漸被平撫下來。後來飯店房務經理前來慰問，並貼心地送給女兒一隻可愛的絨毛海豚作為補償，她才笑逐顏開。

　　父母在孩子有情緒時辨識和同理他們的感受，能幫助孩子調節和處理情緒，進而減輕壓力。千萬別對孩子說「那麼愛哭，羞羞臉！」或「這沒什麼大不了的，再買一個新的就好了。」之類的話。能標註情緒，並用語言表達自己的感受，才能培養情緒素養。具備情緒素養，就能善待自己和體察他人感受，成為快樂的人。

　　哭、失望或生氣是當人在遇到不如意的事時正常的情緒反應，這些並非懦弱的表現。父母應多鼓勵孩子表達自己的情緒，讓他們感覺被看到和被接受。避免在孩子感到難過或失望時要求他們表現「正面」態度。換句話說，不要強迫孩子假裝情緒不存在或壓抑它。

4-4
紓解壓力，如何讓自己嗨起來轉化不愉快的情緒？

　　人是情感動物，只要活著一定有壓力、痛苦、失望和悲傷，這些都是讓生命更有意義，人們所要付出的代價。我們必須釋放和接納這些令人困擾的情緒。當我們了解強烈情緒的來源，才不會受它支配。父母可教孩子如何轉化不愉快的情緒來紓解壓力。

1. 幫助他人

　　根據科學研究指出，當我們幫助別人時，大腦會產生有天然溫和興奮劑之稱的多巴胺（Dopamin），使我們感到快樂。

2. 練習深呼吸

　　當孩子情緒化時，教孩子如何用鼻子緩慢地吸氣，然後用嘴巴呼氣。（對年幼的孩子可用「聞披薩」和「把披薩吹涼」的方式讓它更簡單易懂。）先和孩子一起練習幾次，並鼓勵他們在心煩意亂時自己做。

3. 做自己喜歡的事

塗鴉或畫畫、看電視、運動、聽音樂、玩遊戲或看笑話集等都是可以舒緩情緒和放鬆自己的良方。

4. 自製冷靜包

父母可和孩子一起蒐集可以在心情不好時讓他們冷靜的物品，例如舒壓球、帶來愉悅感的香氛、及有趣的圖案等放在一個盒子或包包裡，當覺得情緒不佳時可以拿出來使用。

5. 情緒日記

情緒日記可以幫助孩子辨識自己的情緒, 可透過文字或畫畫的表達來幫助自己紓解不愉快的情緒。

4-5
自動自發的好習慣？
培養態度積極自然就會自律

> 自律和智能一樣被證明是成功和滿意生活的最佳預
> 測指標。
>
> ——史蒂芬・平克

　　養成自律的目的不是要孩子順從聽話，而是要確保他們的安全以及幫助他們為自己的行為負責，並做出明智選擇。現代的父母十分忙碌，不可能全天候的隨時在旁指導孩子該做什麼或如何表現。自律是在沒有人監督的情況下，能自己約束和要求自己。自律是一種積極的生活態度，是一種堅持，也是一種習慣。研究證明，自律的孩子能更好的掌控自己的人生，他們比一般的孩子適應性更強，能夠有效地解決家庭、學校和朋友的問題，面對生活中的挑戰，和管理壓力。尤其是青春期的孩子比起同齡孩子較能控制自己，不容易衝動行事。從小幫孩子養成一套自律的規則很重要，當孩子越自律就越不需管束，因為即使父母不在身邊，他們也能用深思熟慮的方式行事。

我在孩子出生後第二個月起,制定了一個日程計畫表幫助他們養成規律的生活習慣。對於嬰兒來說,當他們知道什麼時候起床、喝奶、換尿片、玩耍、睡覺,就容易養成固定的作息時間。這種習慣除了培養自律外,還能建立安全感。舉例來說,我的孩子在嬰兒時期,只要聽完搖籃曲和朗讀故事等睡前儀式後,都能安靜入睡,很少發生哭鬧不睡的情況。

孩子在養成生活習慣過程中學習如何照顧自己的身體、合理規劃自己時間,以及適當處理自己的情緒。一旦他們養成獨立性後,父母就可適度放手讓其管理自己的生活作息。這樣父母就能輕鬆地把更多時間專注在與孩子的相處、生活技能學習,以及人際關係建立上。

1. 創造一個自律得到獎勵環境

孩子上小學後我就讓他們自己制定週程表。表格上面羅列每天應完成的事項清單。這份清單上除了有他們自己應該完成的學校課業和課外活動之外,還包含了做家事(如:舖床、收拾房間、折疊衣服、照顧寵物等)每個項目以事情的重要程度給予不同點數,每個周六他們把分數加起來領取獎勵。獎勵的方式十分多樣化和有彈性,可依孩子個別的需求來設定。

2. 表揚孩子良好自律行為表現

自律是一個需要經過長時間培養的能力，父母要有耐心地指導。當孩子表現良好自律行為時，譬如他們先把功課做完才去找朋友玩，或是把零用錢存起來花在更有意義的事物上，要特別給予表揚，以激勵他們持續良好的行為。

3. 避免使用過於嚴厲管教方法

父母必須了解紀律不是控制孩子，而是教孩子如何控制自己。此外，紀律是教導不是懲罰，切忌把它和恐嚇、羞辱或難堪連結在一起。自律必須在同理心和愛的環境中才會產生最佳效果。當孩子能為自己的行為承擔責任時，父母就不需再用嘮叨或威脅利誘的方式來管束孩子。

自律體現一個人應對生活中食衣住行各種面向，從小灌輸孩子自律的概念是很重要的。現代不少父母以為給孩子更多自由，更少紀律，才是開明的父母，結果把孩子寵壞了，長大變成凡事以自我為中心的人。自律的人會在追求更大的目標時自我控制，最終將能實現自己目標。

CHAPTER 5
培育獨立思考解決問題的孩子

思想上的錯誤會引起言論上的錯誤，言論上的錯誤會引起行動上的錯誤。

——德米特里・皮薩列

5-1
為何獨立思考解決問題能力至關重要？

生活上沒有人能避免碰到各類問題。培養獨立思考解決問題能力有助於孩子面對和解決任何類型的問題或障礙。缺乏解決問題的能力，可能成為孩子恐慌和焦慮的重要來源，所以說這是至關重要的生存技能。

培養獨立思考解決問題能力主要目標在於當孩子遇到困難，即使孤立無援，仍然能夠自信地解決複雜的生活問題。還記得孩子第一次能自己穿衣服時的情景嗎？通過獨立完成一件事情會讓他們感到自豪並提高自信，進而受到鼓舞想要主動學習和掌握新技能，以解決更複雜的問題。

現代父母把孩子照顧得無微不至，造成孩子對父母過度依賴，因而阻礙了學習獨立的能力。父母必須耐心地觀察孩子，給他們自己嘗試做事的機會，即使花很多時間也要鼓勵他們的獨立性。我的孩子十一個月大時學習自己吃飯，剛開始吃得滿身、滿桌和滿地都是食物。我在他們吃完後都會給予讚美，更加激發了他們想自己嘗試做其他事情的慾望。

　　孩子嘗試自己做事情之初，父母的確要花些時間耐心等待和做善後工作，但一切付出都是值得的。獨立思考解決問題能力可以提高孩子的自信和自尊，以及增進未來進入學校和社會輕鬆和樂觀應對任何具挑戰性情況的能力。

　　一篇題為「為何台灣孩子無法獨立思考」的文章採訪了一位在台灣長大，13歲隨父母移民至美國的女孩。她提到東西方教育方式的差異在於「大部分台灣孩子從小的人生目標就被侷限在考上好高中及好大學，追求優異學業成績是主要目標，人生的方向幾乎是由父母幫他們做決定。反觀美國的父母更尊重孩子的意見，鼓勵孩子培養自己的興趣，同時透過課外活動接觸社會不同層面的人。大家在各自的領域耕耘，而不是爭相在同一條賽道上奔跑。」她的感想非常值得父母省思。父母要如何幫助孩子成為獨立思考解決問題的人？

1. 提供孩子解決問題機會

　　父母透過一些遊戲或教具讓幼兒學習基本生活技能，如繫鞋帶或扣鈕子。等熟練後就可讓他們自己穿鞋子和衣服。幼兒通常喜歡模仿小腦袋裡所理解的「大人的事」，父母可以教他們做一些簡單的家事。派給孩子任務的複雜度可隨年齡增長逐步調整。這些經歷能提升孩子在學習和生活上的效率和適應力。

2. 讓孩子自己做選擇

父母儘量讓孩子決定自己的事情,例如讓孩子決定每天要穿的衣服,最好只提供孩子兩個選項,「你想穿藍色,還是綠色的上衣?」。父母要確保尊重孩子的喜好和決定。

3. 讓孩子參與計劃制定

父母必須讓孩子對於自己的學習有責任感,無論那方面的學習都應該讓孩子參與制定計劃。鼓勵孩子提出想法和建議,畢竟執行計畫的是孩子自己,他們的參與能幫他們成功地學習獨立思考解決問題技能。

4. 在孩子生活中設置障礙

在生活中設置障礙以激發孩子找尋解決方案,將能幫助他們體驗克服障礙後的成就感。不過,要確保該障礙的難度要合理並且能獲得解決。例如孩子要求買某樣較昂貴的東西,鼓勵孩子思考要用什麼方式自己存錢或賺錢來買。

5. 一起閱讀解決問題的故事

父母和孩子共同閱讀描述主角如何利用機智解決問題的冒險求生故事，並將這些經歷與孩子自己生活中的類似事件聯繫起來，激發孩子解決問題的靈感。

6. 讓孩子有機會幫忙解決問題

父母可以定期向孩子尋求幫助解決一些問題，例如請孩子幫忙安排一場家庭聚會，可提供孩子發揮創意的機會共同完成任務。

孩子遇到問題時剛開始會感到不知所措或無助感，這時不要當「直昇機父母」急著為孩子解決問題。最好的方式是教他們解決問題的基本步驟，並在需要幫忙時提供指導以及鼓勵他們自己解決問題，而不要下指導棋告訴他們怎麼做。當他們解決了問題，就會對自己的能力更有信心。

5-2
從小能當和事佬，
同儕間能廣得人心

隨著孩子年齡增長，受同儕壓力的影響很常見，尤其兒童和青少年相當在意其同儕對他們的看法並希望得到認可。對他們而言，抗拒同儕壓力很困難，以致於有可能做出失序或危險的行為，如欺騙、霸凌、偷竊、吸毒或酗酒等。因此父母要特別注意教孩子如何對不當的同儕壓力說「不」。這也是為什麼培養孩子獨立思考解決問題技能很重要，能使他們明智和堅強地去處理和抵制同儕壓力。以下是幾個幫助孩子化解同儕壓力，避免衝突的幾個方法：

1. 切勿說教和責備孩子

父母聽到孩子談論和朋友做的事情，可能會因其不當行為感到不安，此時要盡可能保持鎮靜，勿過度反應並對孩子說教，切忌責備孩子，否則會造成孩子關上溝通的大門。最好利用這個機會幫助孩子思考危險行為所帶來的不良後果。

2. 邀請孩子的朋友到家裡

父母要鼓勵孩子邀請朋友來家裡玩,藉機認識孩子的朋友們並了解這些朋友對孩子是否能帶來正面的影響。

3. 幫助孩子選擇合適的朋友

父母要鼓勵孩子選擇能帶來積極影響的朋友,引導他們結交有相似價值觀和道德觀的朋友。如果某個朋友經常煽動做危險、傷害或非法事情,並非真正合適的朋友。

4. 強調獨立思考的重要性

每個孩子都希望能獨立自主,父母應告訴孩子真正的獨立是遇到問題時能夠自己用批判性思考來判斷是非和做正確決定,而非由朋友來決定該如何做。

5. 加強建立良好親子關係

與孩子建立牢固和積極的親子關係能保持和孩子暢通的溝通管道。讓孩子知道你很樂意傾聽和談論他們生活中發生的事情。

6. 教導孩子如何說「不」

為孩子示範當覺得朋友要求他們做的事情可能是違反規則的，演練如何拒絕對方，以減輕心理負擔。

5-3
團體社會的重大問題，
如何處理霸凌問題？

　　「霸凌」一詞在現代社會被使用得相當氾濫，導致許多人傾向把人們所說或做的事草率得一律貼上「霸凌」標籤。這種觀念其實很危險，因為它淡化了真正霸凌的傷害性，使得人們對霸凌的嚴重程度缺乏警覺，讓霸凌問題更加惡化。霸凌的定義是在權利或力量不平衡的關係中持續發生的粗鄙及有害的行為。許多人沒意識到霸凌不只是粗鄙對待他人的行為或是肢體攻擊而已，它還有其他形式如言語霸凌、關係霸凌、網路霸凌、偏見霸凌，以及性霸凌。

　　霸凌對受害者帶來很嚴重的身心傷害。許多受害者會感到羞愧、沮喪、生氣、害怕、焦慮和悲傷。據兒童福利聯盟調查指出，霸凌對身心造成影響最多的是感到沮喪(31.2%)、對人際社交互動感到焦慮與緊張(23.6%)；值得注意的是，有 10.7% 的孩子曾出現自殺或自傷的念頭。隨著全球霸凌事件層出不窮，孩子心理健康問題愈趨嚴重。

　　當父母獲知孩子遭受霸凌時通常會感到沮喪或生氣，但此時要控制自己的情緒以鎮定和堅強的態度來傾聽、安慰

和支持孩子。父母可針對幾個常見的霸凌形式教導孩子如何辨識和處理。

言語霸凌

形式： 用羞辱的言論持續謾罵和威脅對某人的外貌、身體缺陷、宗教、種族或性取向發表不尊重的評論。

跡象： 父母可觀察孩子是否有退縮、變得喜怒無常或食慾改變的跡象。

處理： 教導孩子尊重的態度對待周遭的人，用行動感染別人發揮同理心善待自己。同時父母可以和孩子討論和練習應對霸凌的安全和建設性的方式。當孩子遇到霸凌時要採取堅定不挑釁的語氣跟霸凌者說話，並記住要冷靜地離開，傳達你不會忍受這種被貶低的對待。

身體霸凌

形式： 侵略身體的暴力霸凌，包括反覆的毆打、踢、絆倒、推或觸摸。

跡象： 父母可觀察孩子是否有不明原因的傷痕或瘀青、衣服破損，或孩子經常抱怨頭痛和肚子痛。

處理： 一般孩子遭受身體霸凌都會隱瞞，家長如果懷疑孩子可能受到身體霸凌，應每天詢問孩子在學校或回家路上發生什事，當孩子告知受到霸凌，要進一步和孩子確認發生的日期和時間，做記錄並交由學校老師及輔導員處理。提醒孩子遇到身體霸凌者如果覺得不安全要馬上走開，不要反擊，並且最好找一個成年人協助制止霸凌。

關係霸凌

形式： 用排擠的方式霸凌，故意在遊戲、運動或社交活動阻止某人加入。

跡象： 注意孩子情緒變化、是否退出團體或比平時更多獨處。

處理： 每天和孩子談論他們在學校如何度過及和朋友的互動。讓孩子參與校外的課外活動，建立更廣闊的人際互動。

網路霸凌

形式： 通過電子郵件、簡訊和社群媒體貼文散佈刻薄的言論、假新聞、謊言來騷擾某人。

跡象： 觀察孩子是否花更多時間上網，並在之後感到悲傷和焦慮，同時留意孩子是否有失眠問題、不想上學或退出原本喜歡的活動。

處理： 父母幫孩子制定使用網路的規則，並確保孩子不濫用網站。告訴孩子在網上善待他人將有助於確保自己的安全。不該參與、回應或轉發任何可能傷害或讓任何人難堪的內容。

　　據兒童福利聯盟的 2021 年的調查指出，近半數 (47.0%) 兒少曾經涉入網路霸凌事件，超過 2016 年所做調查 (22.2%) 的兩倍，其增長的速度令人耽憂。調查也顯示，36.3% 的兒少曾被網路霸凌，亦即平均每三個兒少就有至少一個曾被網路霸凌；另有近 1/3 的兒少曾在網路霸凌別人。

　　近年來校園霸凌事件愈演愈烈，青少年自殺的悲劇不斷上演。霸凌和自殺之間的關係非常密切，因此出現了「bullycide」這個用詞，形容霸凌受害者因情緒嚴重受打擊而自殺。如何讓孩子在零霸凌的校園安心學習，已成為學校急需解決的重要課題。強化孩子的同理心和推行隨機善行運動或許是個值得一試的解決方案。

5-4
為被霸凌者挺身而出，
越能贏得更多聲援者

當你看到霸凌行為時，應挺身而出採取一些安全措施來制止這種行為。

➤ 善待及關心被霸凌的朋友，在學校跟他們一起玩和交談，或者邀請他們出去玩或參與活動，讓他們知道你會提供援助。

➤ 看到有人被霸凌要立即告知父母和老師、和學校輔導員關於霸凌者所說或做的事情，向霸凌者表明你不會容忍他們的虐待。

➤ 在不感到受身體威脅的安全情況下，可用直接、堅定的溝通或肢體語言來制止霸凌者。如果霸凌者在朋友和你離開時仍繼續騷擾，冷靜地讓他們知道你不會容忍這種行為，叫他們馬上停止。

➤ 霸凌者的目標是要看受害者的激烈情緒反應來得到樂趣。因此要保持冷靜，儘量避免表現出生氣、悲傷或害

怕的情緒，讓霸凌者達到目的。

➤ 看到或聽到有人被霸凌要立即採取制止行動。如果是自己無法應付的情況，找其他人幫忙。如果是身體霸凌千萬不要等待，否則被霸凌者可能會受傷。假設是語言或關係形式的霸凌，可能不會被注意到，要向師長報告。

➤ 網路霸凌越來越普遍，如果你知道有人在網上被騷擾、辱罵或散佈不實的謠言等霸凌行為。可以協助蒐集相關證據請父母向提供服務的單位檢舉。

➤ 霸凌是一個嚴重的問題，當受害者不斷容忍，有可能會逐漸演變成嚴重的傷害，因此當霸凌情況涉及嚴重暴力或身體傷害時，需要幫助聯繫警察或尋求醫療救助。

5-5
什麼才是真正能夠解決問題的系統思維？

> 我們不可能用製造問題的思維層次來解決現存的問題…我們必需跳上更高的層次來思考。
>
> 　　　　　　　　　　　　　　　　　—愛因斯坦

　　全球人類正面臨一連串錯綜複雜的難題，如極端氣候變化、人口老齡化、公共衛生問題、資源短缺、自然生態破壞及污染、饑荒貧窮及糧食安全等。要解決這些問題是個極為艱鉅的挑戰，因為它們不僅是科學問題，也是政治、自然、地理、經濟和歷史問題，所以必須運用系統思維才能找出解決方案。

　　「盲人摸象」是廣為人知的寓言故事。它講述四個盲人被安排站在不同的位置觸摸大象並描述大象的長相。摸到象腿的說：「大象長得像一棵樹。」摸到象尾的說：「大象長得像一條繩子。」摸到象鼻的說：「大象長得像一根水管。」摸到象耳的說：「大象長得像一把大扇子。」這個故事很貼切的形容一般人遇到問題時，容易用自己單一認知來判斷

問題所在，而忽略對問題的全盤考慮。舉極端氣候變化和自然生態破壞的問題來說，想解決這些問題不應將其視為單一線性問題，而必須把該生態系統中所有可能造成影響的因素納入考慮，也就是要關注更廣泛的生態系統，而不是問題本身。

到底什麼是系統思維呢？簡單來說，系統思維是對一件事情做整體性地瞭解來探究真相，而非只從單一面向的理解來做判斷的思維模式。舉例來說，我們從小被教導植物來自於種子，但是種子並非植物的全部。一顆種子若缺少了泥土、水和陽光，它就只是種子而已。系統思維是一種以整體角度去了解和討論世界不同部份的互動和相互影響，並透過它更了解整體系統的運作。系統思維是二十一世紀網路時代無論在學校還是職場的必備的思考方式和技能。

系統在生活中幫助我們組織和連結資訊和經驗，它們是我們日常生活不可或缺的一部分。系統思維融合了許多技能，包括社交、情緒和批判性思維，提供挑戰系統思維的機會對孩子發展各類生活技能有很大的助益。舉例來說，一群孩子想用積木搭造一個能加速球滾動的坡道，他們決定需要增加高度。他們找了能把坡道一段架高形成斜坡的材料。首先他們必須制定如何讓球沿著坡道移動的計畫，其次選擇適合的材料並測試功能；然後他們必須評估這些材料如何互相配合來運作。通過整個構思、測試和彼此交流想法的過程，商定執行計畫，這就是系統思維。對年幼的孩子來說，

將系統思維融入遊戲中，能更有效率地培養他們解決問題的技能。

　　系統思維引導我們深切體會所有人都相互關聯和影響，並相互依賴於自然系統。它徹底改變了我們看待世界的方式以及我們在其中看待自己的方式。世界變成了一個動態的、不斷發展的系統，我們是其中的一部分。因此，這種思維方式培養了學習者的自主意識，讓我們相信自己確實有能力影響自己和周圍世界的變化。

　　創造系統有助於我們養成良好的習慣，知道如何看到和發現他人創造的系統，有助於我們提出關於周遭世界的重要問題及為什麼做我們所做的事情。它促使我們在做事時思考「為什麼這樣做？有沒有更好的方法？」這才是徹底解決問題的最佳方式。總括來說，系統思維可以幫助我們提升思維的質素和能力，以創造一個更美好的世界。

CHAPTER 6
培育正向及有效溝通的孩子

如果你用一個人聽得懂的語言和他溝通，他會記在腦子裡；
如果你用他的語言和他溝通，他會記在心裡。

　　　　　　　　　　　　　　　　— 納爾遜・曼德拉

　　孩子從出生的那刻就用第一個哭聲開始溝通，讓父母
知道他們來到這個世界。健康的人際關係、學業成就和職
業發展取決於良好的溝通能力，因此父母的重要任務就是
儘早培養孩子的溝通力，讓他們能夠在生活的各個方面和
領域清晰且自信地表達自己，而能積極地表達自己的想法
和期望的孩子在成年後獲得幸福和成功的機率會更大。

6-1
有自信的語言溝通，越說越有力量

當我們與他人交流時，說話時必須有自信。如果說話時缺乏信心，聽眾可能會認為我們不相信自己所談論的內容、不確定事實，或者根本不在乎。溝通的信心來自經驗，所以父母希望提升孩子的語言溝通能力，應鼓勵他們多練習。練習得越多，就會變得越來越有自信。

1. 目光注視

教導孩子在與人說話時看著對方，表示感興趣和尊重，目光飄移不定是不禮貌的行為。

2. 說話清楚

說話時不要急，要使用良好的發音和正確的語法來把話說清楚。若想確認他人有沒有聽懂你的意思，可總結自己所述內容，或要求他人概述你所說的內容。

3. 不打斷別人

父母要訓練孩子等人說完話再說的習慣。當孩子打斷時，父母應立刻停止他們說話並告訴孩子要等輪到他們才說，這也是教孩子尊重和自我控制。

4. 得體應對

培養傾聽技巧，父母在孩子說話時應專心聆聽和表現出興趣，並簡短復述所說的關鍵短語，讓他們感受被傾聽，在談話過程中向孩子提出問題，並指導他們如何做適當回應。

5. 禮貌對話

父母需留意孩子說話的方式。良好溝通的第一條規則是選擇使用正確的詞語。向孩子解釋在談話中罵人和侮辱的話永遠是不恰當的。與他們討論如何使用友善和鼓勵的語言。當孩子說了不得體的話，切忌在別人面前糾正錯誤或教訓，造成他們日後在社交場合感到不自在，抑制了他們和人溝通的意願。父母展示與人談話時如何使用禮貌用語和適當遣詞用字，同時要保持微笑、目光注視、適當個人距離和傾聽對方等禮貌舉止。

6. 注意肢體語言

　　父母需要提醒孩子在與人互動中避免一些失禮的肢體語言，如翻白眼、做鬼臉、抖腳、打呵欠、摳指甲或背對著人說話等。大一點的孩子可教導如何透過他人臉部表情、肢體動作來解讀他人的想法。看他人是否出現困惑、不贊同、抗拒或理解和信任的非語言訊息。

6-2
非語言的解讀力能讓溝通更加分

> 你的行為表現比你說的話還要真實。
> ──拉爾夫・愛默生

　　當我們與人溝通時自然流露的非語言訊息在與人交流和理解他人真實感受中發揮關鍵性的作用。人與人之間的溝通中非語言占了高達 93％，可見與人溝通時非語言的重要性更勝於口語。實驗顯示，兩個人在交談的 30 分鐘內能傳遞 800 個非語言訊息，若忽略了這些訊息，我們將錯失理解對方真實感受的機會。

　　非語言溝通是指通過肢體語言、姿勢、手勢、聲音語調、臉部表情，以及空間距離等方式交流信息和進行溝通的過程。肢體語言是我們用來揭示真實情緒和感受不言而喻的溝通要素。當我們能解讀非語言暗示時，就可利用它來發揮優勢，例如，幫助了解某人試圖表達的完整信息，或調整肢體語言，以凸顯我們的積極，吸引力或親和力。

多數人都只注意禮儀的表面含義,而忽略了其背後所隱藏的非語言溝通技巧。凡是令人不舒服的感覺,會透過表情與肢體的行為,反映成一種訊號表現出來,成為不合乎禮儀精神和原則的行為。幫助孩子發展良好的非語言溝通技巧,除了為他們提供清晰成熟的方式,表達自己情緒所需的技能外,還能使他們成為一個更好的傾聽者和有禮貌的人。

教導孩子留意非語言線索有助於建構他們社交對話的整體意義,提升社交技能。根據一項全球性的研究發現,能夠透過非語言線索解讀情緒的孩子,情緒調適力更強、更活潑外向,而且人緣更好。會考慮他人需求和感受的孩子,情緒素養高、身體比較健康,以及學業成績也比較好。毋庸置疑,增進非語言溝通技巧將讓孩子受益無窮。以下是父母幫助孩子強化此項技能的方式:

1. 臉部表情

人的臉部表情豐富,無需開口就能傳達許多不同的情感。洞察臉部表情能提高非語言溝通力,對別人的想法有更多了解。和孩子互動時可用較明顯的表情來練習。舉例來說,當孩子和你講述在學校發生的事情時,可以適時地微笑或點頭表示讚許或鼓勵。若使用了不恰當的語言,則用皺眉或搖頭表示不贊同。

2. 肢體動作

我們坐、站、抬頭，或移動的方式傳達了大量信息，間接影響我們給人的觀感。父母和孩子交談時應注意自己的肢體語言，假設父母交叉雙臂，懶散或背朝向孩子，他們很快就會發覺父母對談話不感興趣。父母要確保正確的坐或站姿、面朝向孩子，或彎下腰來聆聽，以表達對談話內容的關注和興趣。

3. 手勢

手勢是日常生活溝通不可或缺的一部分。我們經常不知不覺地使用手，甚至沒有意識到它。要留意使用的恰當性，因每個手勢的含義在不同的國家/地區可能有很大的不同，為了避免誤解，使用前務必先了解其不同含義並牢記它們。

4. 目光注視

目光注視是基本禮貌，也是孩子成長的重要非語言溝通技巧。目光注視在對話的過程很重要，可幫助和他人產生親近關係或好感，以建立友好的關係。當和孩子談話，鼓勵孩子看著你的眼睛。當他們專注在你的臉上時，可以看到你的表情變化，此時可問他們你的表情在傳達什麼意思，如果他們不明白，再解釋讓他們了解。

5. 說話聲音語調

當父母有緊急或重要的事情需要溝通時，要特別留意說話的聲音語調所傳達的訊息。溝通時不僅是說話內容，更要注意的是怎麼說。我們的聲音具有特定的語調和音量，通過它可以表現出諷刺、憤怒、愛或信任。當與人交談時，別人會從聲音語調中解讀我們真實情感和意涵。指導孩子分辨別人說話的音調和語調，能免除誤會別人的意思或情緒，同時也避免導致別人對自己的誤解。

6. 外表儀容

我們所選擇的顏色，衣服和髮型，以及與外觀相關的其他任何事物，也被認為是非語言交流的要素。一個人的心情會受到顏色的影響，外表也是做出不同反應，判斷和解釋的元素。

父母希望提高孩子非語言溝通能力就要多和孩子互動及練習。交談時要專注於使用積極的肢體語言，讓孩子在成長過程中與他人建立更良好的關係。

6-3
最強大的溝通能力是傾聽，
要成為積極的傾聽者

> 當你說話時，只是在重複已經知道的事；但如果你傾
> 聽，有可能學到一些新事物。
>
> ——達賴喇嘛

　　如果我們希望能掌握一種溝通技巧，傾聽是首選。但傾聽說起來容易，做起來卻稍有難度。首先要釐清聽和傾聽的差異，「聽」是指耳朵察覺到聲音的動作；而「傾聽」則是指確實聽到，並理解他人意思。

　　中國字非常有學問，「聽」這個字完全說明了傾聽真正的涵義。我們來把「聽」字一一拆解就能發現它奧妙之處。「耳」指用耳朵聽，「王」指說者為王，「十」指偏著頭聽，「目」指目光注視，「一」指一心一意，「心」指用心聆聽。

▌▌ 有說服力的傾聽法則 ▌▌

研究認為成人一天醒著的時間花在溝通活動上占 70%，其中 45%用在傾聽，足見傾聽是有效溝通的最重要關鍵。缺乏有效傾聽的能力，訊息很容易被誤解，而且溝通中斷讓說話者容易感到沮喪或煩躁。專注聆聽是一種禮貌，也是一種學習的能力。人們在出生後聽父母說話而學會說話；在教室聽老師講課而學會知識；聽別人說話而得到資訊。傾聽能力對孩子的發展十分重要，以下是五個有說服力的傾聽法則：

1. 注視對方

與人交談時要注視對方，表示你正專心聆聽。

2. 提問問題

藉由發問可確定你所聽到的是對方想表達的意思。

3. 勿打斷對方

耐心聆聽不打斷說話者，能讓人感到受尊重，也是贏得好印象的禮貌。

4. 勿轉移話題

　　轉移話題不是傾聽，用支持型回應才會讓人有興趣和你繼續聊天。舉例來說，你問同學：「週末做什麼？」同學開心地說：「我去兒童樂園玩。」支持型回應：「你玩了哪些好玩的東西？」避免用轉移型回應：「我去海生館看到小白鯨。」

5. 適時回應

　　可用點頭、說「是」或「嗯」，或針對話題做更具體的回應。

加強孩子的傾聽能力

大人經常抱怨孩子不聽話，應該先檢討當孩子說話時，自己是否專注聆聽？積極傾聽表示能充分注意說話者，並試圖理解對方所傳遞的完整訊息。具備傾聽能力的孩子不但在課堂上有很好的理解力、能有效溝通和解決問題，同時能凸顯良好的品格和奉獻精神，這些都是領導者的特質。懂得傾聽的人可減少誤會、促進工作效率，以及提高生產力。以下有一些有趣的活動提供給想加強孩子傾聽能力的父母：

1. 閱讀故事

在閱讀中讓孩子預測接下來會發生什麼事。也可以在完成故事後和孩子討論或提問問題。

2. 學習烹飪

讓孩子挑選喜歡吃的菜或甜點，唸食譜給他們聽並按照每個步驟製作自己喜歡的食物。

3. 有趣對話

找孩子有興趣的事物做為話題，使孩子有機會和成人進行對話，同時練習口語和聽力。

4. 故事接龍

　　和孩子一起編故事，每個人輪流將對方說的故事繼續接下去說。

5. 改編故事

　　讀一個簡短的故事，第二次時把故事做一些更動。孩子每次聽到更動的部分要拍手或舉手。

6. 我說你畫

　　給孩子簡單的指令讓他們根據所聽到的指示來畫圖。

　　許多人在溝通時常犯的一個通病就是當別人說話時，在思考自己接下來要說什麼，而不是專心聽對方所說的話。要成為一個積極傾聽者必須全神貫注，才能做適當回應或就對方所說的內容提問，同時以肢體語言表現出對他們所說的話感興趣。正如戴爾卡內基在他的書《如何贏取友誼影響他人》中所提及的，如果你想像和你談話的人的額頭上寫著「讓我感覺重要」的字，並真心地傾聽他們，你將成為一個最佳的溝通者。

6-4
如何應用技巧幫助孩子提升溝通力？

學習有效溝通對孩子建立社交關係有極大的幫助。孩子在初期可能不知道如何遵守所有的談話和社交規則，但隨著年齡增長和經過不斷地練習，他們將能夠在社交互動中表現出嫻熟的技巧。

▌▌ 提升嬰幼兒溝通力 ▌▌

嬰兒從出生開始就透過聲音（哭泣或尖叫聲）、面部表情（微笑或做鬼臉）、手勢（指點或揮手）和身體動作（興奮或痛苦時踢腿）等非語言方式來與父母進行溝通。父母可依孩子的非語言動作來回應他們。當小寶寶向你伸出雙臂時，可使用簡單的話回應：「寶寶想要媽媽抱抱，對嗎？」

父母應該多和嬰幼兒交談，幫助他們建立語言技能。例如當你和孩子閱讀《好餓的毛毛蟲》，可以和孩子一起玩扮演遊戲，「你是一隻好餓的毛毛蟲，現在想吃什麼東西？」和幼兒交談時要儘量避免使用兒語如「寶寶要吃飯飯，然後去睡覺覺。」或過份簡化的句子，最好用完整的句子和標準語言。雖然用疊字很可愛，但是等孩子再大一些需要用標準語言說話時，父母將花更多時間來糾正。研究顯示，使用標

準語言的孩子，其語言表達能力和使用詞彙的層次會比使用疊字的孩子更強。

當孩子稍大些，可以幫助他們學會傾聽和理解。1 歲的孩子，能給予簡單的指令「請你拿球給媽媽。」18 個月大的孩子，能傳達較複雜的指令「請你去房間拿小熊給媽媽。」當給予指令時要注視孩子，確認他們聽到指令。年齡更大的孩子，則可要求重複你說的話，以確定他們理解指令。

提升學齡孩子的溝通力

孩子上了小學之後和他人相處機會愈加頻繁，他們必須經常和老師和同學互動交流。因此這個年齡階段的孩子可能需要父母的輔助，學習如何更好地表達想法和感受。

1. 經常找機會與孩子交談

溝通有困難的孩子一般很難讓他們開口說話。父母應找機會談孩子感興趣的話題，並鼓勵他們回應，以習慣和別人閒聊或溝通。利用乘車、做晚餐或吃飯的時間多跟孩子聊天。

2. 描述一天的生活

鼓勵孩子詳細地描述其一天是怎麼過的。儘量問孩子開放性問題，如「今天什麼事讓你覺得特別開心？」，而不要問只能回答「是」或「否」的封閉式問題，如「今天上體育課好玩嗎？」或可同時穿插兩種類型的問題，讓他們自由表達想法和意見。父母不妨也分享自己如何度過一天，增加話題的多樣性，讓互動更有趣。

3. 傾聽並對孩子所說的話做回應

當孩子告訴你美術課老師要大家做一項大型裝飾藝術作品。你可以說：「這個項目聽起來好有趣，你們的主題是什麼？會選擇什麼材料做？」溝通很重要的技巧在於能夠傾聽、重複別人所說的內容，以及對別人的話題感興趣。這樣會激發孩子喜歡和你分享和增進他們溝通技巧。

4. 提升非語言的觀察力

對溝通困難的孩子來說，他們可能不太能理解其他孩子的非語言暗示。父母可以教孩子如何辨識非語言。例如「當別人臉上出現嘴唇收緊、嘴角向下，及眼睛睜大時可能是他感到生氣。」或「當你對我翻白眼時，我感到不被尊重。」當孩子能夠通過觀察了解別人的非語言訊息就能提高他們的溝通能力。

5. 與孩子做有趣的交談

熟練溝通的根源在於提問和回答問題的能力。父母可以用有趣的問題引導孩子回答和提問問題。晚餐時刻是全家人一起談天的最佳時機。每天找一些有趣的主題在餐桌上討論。例如「對你來說完美的一天是什麼樣的？」，「如果你有機會去外太空旅行，你會帶哪三樣東西？」

6. 徵求孩子的意見

溝通需要孩子們反思自己的感受。讓孩子參與為一般日常決定提出意見。比如「應該買哪一個牌子的冰淇淋？」對於某件事的意見，如「你對殖民到火星有什麼看法？」或「你認為今年哪一個 NBA 籃球隊會獲勝？」

7. 鼓勵孩子寫日記

有些孩子的個性需經由思考後，才會比較容易和他人談論他們的想法。寫日記或在日記中記錄日常活動和感受，對他們的表達有很大助益。在寫日記過程可以讓孩子更容易形成與他人分享的想法。當有人對孩子提出一些問題時，孩子會感到更有自信，也做好分享的準備。

與孩子有意識地日常對話是父母培養溝通技巧的絕佳方式，父母同時也要教導孩子如何使用禮貌的交談技巧。提升孩子溝通的技巧的最終目標是培養孩子成為一個有禮貌、傾聽別人說話，以及能夠清楚地表達自己想法和意見的人。

CHAPTER 7
培育具備領導力和責任感的孩子

如果你的行為激勵他人有更多夢想、學到更多、做了更多的事情、成就更多，那你就是領袖。

——約翰·亞當斯

　　許多孩子在小學階段就對成為領導者感興趣，願意擔任各類的領導角色，例如班長、幹部或社團社長等。領導力有助於孩子日後在生活和職場各種領域勝任領導角色，父母不應等到孩子進入青春期才培養他們領導能力，從小學就可開始奠定基礎。大家在閱讀歷史上傑出領袖的傳記時會發現，許多領袖都是在童年時期就受到特殊經歷的啟發而建立了卓越出眾的生活態度和理念，造就了他們成為偉大的領袖。

　　南非著名的反種族隔離革命家和被視為南非國父的納爾遜·曼德拉就是個典型的例子。曼德拉出生在一個小村莊，從小因經常目睹當地大酋長在解決部落爭端過程中被白人政府的法律所約束，心中萌發了追求正義及平等的理想。他好幾次領導同學抗議學校的白人法規，還因而被學校開除。曼德拉在年輕時就立下志願為南非的每一個黑人爭取平等待遇。

　　如果父母想讓孩子為未來的成功做好準備，可以專注於培養優秀領導者必備技能來幫助他們成為成功和激勵人心的領導者。

7-1
如何培育孩子成為未來領袖？

　　美國全國大學和雇主協會針對 650 名雇主的調查發現，領導力是潛在新員工最搶手的技能。儘管從各優秀大學湧現了大量人才，但該研究報告指出，77%的招聘經理發現很難找到合格的員工。領導力能讓孩子學習掌控自己的生活和建立自信心，同時幫助他們用系統思維解決問題、提升與個人和團隊合作的精神，以及培養責任感。所有的孩子都有發展領導力的潛能，它屬於終身學習的過程。父母可以依孩子的成長，循序漸進教導他們現在和未來擔任領袖所需的技能。以下一些方法提供參考：

1. 建立自信

　　給孩子做事的機會，當他們努力完成後，應給予恰如其分的讚美以激勵他們的良好表現，同時也提升了孩子的自信心。

2. 溝通技巧

　　成為領袖必須能夠使用清晰而果斷的溝通技巧，同時能影響和感動他人。領袖要能和許多人傳達目標和想法，建立關係並解決問題。培養領導力的重要第一步是教孩子如何

自信地溝通，如適當目光注視、堅定清晰的聲音，及積極傾聽他人。父母可藉由角色扮演和書籍來幫助孩子理解各種溝通方式並經常和他們一起練習。教孩子以尊重的方式與人互動，同時要先做個積極的好聽眾，了解別人的想法後再做適當回應。

3. 鼓勵夢想

無論是在家還是學校，孩子將大部分時間花在完成大人分配給他們的生活任務上。父母和教育者應該鼓勵孩子在空閒時間找到自己感到熱情的事物上。支持他們追逐夢想，無論是擔任義工拯救瀕危動物，還是學習戲劇表演，都能幫助他朝向人生目標邁進。

4. 尋找榜樣

如果孩子對烘培甜點很感興趣，介紹他們到喜歡烘培甜點的朋友或鄰居家當小幫手；或是孩子希望拯救地球上瀕臨絕種的動物，讓他們去動物收容所幫忙照顧動物。榜樣無處不在，找一個與孩子有共同興趣並可以幫助他們學習技巧並發揮長處的人。

5. 學做決定

讓孩子自己做決定能強化決策力。生活中孩子經常面臨大大小小的抉擇，引導他們考慮各項選擇的優劣利弊，再比較自己的需要及客觀環境做決定。父母可先讓孩子從簡單的事物做起，如穿什麼衣服、想吃什麼、挑選書籍和電影，規劃度假計畫等。生活是孩子的，如果父母不提供機會，他們將永遠學不會自己做決定。父母還是趁早放手把決定權交付孩子吧。

6. 解決衝突

解決問題能力是領導者必備的能力之一。每個人在生活中幾乎無法避免與人產生某些衝突，學習以平和方式應對這些衝突有助於培養領導力。家庭中手足之間的紛爭是最常見的衝突，孩子先從化解手足之間的衝突開始練習。此時父母在適當時機可扮演調解的角色，但除非有必要，否則儘量不要插手協助。

7. 團隊合作

領導力的一部分是成為團隊合作者和領導者。孩子參與的許多課外活動通常提供發展領導技能的機會，包括有組織的運動、舞蹈、戲劇、露營、和武術等。這些運動和活動有助於鼓勵團隊合作和獨立自主。孩子經常被父母要求在

團隊中成為最好的一員，但這會誤導孩子認為追求個人成就比團隊的更重要。父母應灌輸孩子「團結力量大」的概念，當孩子學會如何在群體中支持他人、與人合作，及解決問題達成共同目標時，他們將成為更出眾的領導者。

8. 參加社區服務

為人服務可以讓孩子們體會自己有能力改善他人的生活。安排機會並鼓勵孩子參加志工，如為動物收容所的動物收集食物、毯子和玩具；到療養院與老年人一起聊天、吃午餐、或閱讀，以及幫忙社區清理垃圾及樹葉。為人服務的經歷能讓孩子看到自己有能力創造更美好、更有同理心的世界。這是成為領袖應具備的「僕人」領導思維。

9. 獨立思考

拜科技進步之賜，人們處在知識爆炸的時代，因此無可避免地接收到大量有偏見和誤導性的新聞媒體資訊。父母必須教導孩子如何獨立思考，不要盲從和人云亦云。經常和孩子討論時事，讓他們表達自己的觀點。但也要學習如何傾聽和尊重跟自己觀點或意見不同的人。

10. 承認錯誤

幫助孩子了解領袖並非完美無瑕從不犯錯的人，而是能夠承認自己犯錯，並在錯誤中自省和修正做事的方式。邱吉爾的名言：「如果你沒有犯錯，那表示你沒有真的嘗試過。」父母要從錯誤中教導而不是懲罰錯誤，才能激發孩子不斷嘗試的勇氣。

11. 富同理心

同理心是能站在別人的角度，理解他們的感受或經歷的能力。了解自己的行為如何影響他人以及為什麼某人可能會在特定時間體驗這些感受。

12. 堅持到底

碰到困難想逃避或放棄是人之常情，但歷史上的傑出領袖共有的特質之一就是對自己想做的事有堅定不移的決心。成為領袖需有恆心毅力，父母要在正確的方向上培養孩子具有堅持到底的精神，無論遇到什麼困難都能以充滿決心、積極性和韌性的態度來面對。

13. 學習談判

　　孩子經常會為某事或某物產生意見分歧或紛爭,學會談判技巧有助於解決衝突,這是非常實用和重要的技能。例如兩個孩子同時想玩一台平板電腦,他們能提出一些互相妥協的方案,如每人隔 20 分鐘輪流玩,或者借家人的另一台平板。最後兩人達成雙方滿意的協議,化解衝突。

　　從小培養領導力有助於孩子日後保持積極態度、激勵他人,及成為有責任感的成年人。父母所要做的就是相信孩子有能力在世界上做出積極的改變。

7-2
正確解答只有唯一？
不被框限的批判性思考力

「孩子需要具備什麼能力，才能幫助他們在生活和職場上取得成功？」相信這是所有父母和教育者經常在思考的問題。應該教他們科學、技術、工程、藝術、數學，再加上外語嗎？這些能力雖都很需要，但對孩子來說是屬於被動接受的知識，若希望孩子擁有靈活的頭腦，能夠輕鬆地吸收新資訊並應對複雜的問題，他們必須主動地探索知識，以培養批判性思維。

有些父母可能會質疑為什麼孩子需要發展批判性思維技能，因為台灣的教育體系講究以標準化和唯一答案的考試作為評量標準，這種線性思維的缺點是不足以解決各種類型和狀況的問題。教孩子批判性思維技能幫助他們掌握主要學科和一般學習材料的技能，同時也幫助他們取得準確的資訊意識，適應新出現的情況。此外，培養必要的技能來辨識和解決任何類型的問題，提供孩子有機會解決不一定有正確答案的問題。

孩子的思考基本上就是通過提出批判性問題來激發的，提出正確類型的問題能夠幫孩子澄清、鞏固和具體化基本

的思維和邏輯。它也可以幫助孩子培養深刻的好奇心，在思考的過程中尋求自己解決複雜問題的方法。批判性思維過程有助於孩子變得獨立和富有表現力， 並培養他們持續性解決問題的能力。隨著時代的快速變遷，人工智慧和自動化逐漸威脅到人類從事的某些工作，讓許多人開始非常擔憂丟了工作飯碗。批判性思考力即是人工智慧所無法取代人類工作的技能之一。

根據心理學家皮亞傑（Jean Piaget）的說法，孩子在 12 歲之前都是具體的思想家。孩子在大約 5 歲開始就具備批判性思考能力，批判性思維使孩子能夠培養一種成長心態，準備好吸收新資訊。在現有知識和新獲得的知識之間建立有意義的連結，再利用他們的知識庫來解決問題。這使得批判性思考成為心理輔助的強大武器。研究也顯示，具備批判性思考技能的孩子在語言理解和解決問題方面的表現更佳，他們的智商也比同年齡孩子高。

批判性思考是孩子發展的要素，讓他們更加理解周遭世界。父母可經常提問孩子的觀點和想法，把批判性思考變成孩子的一種生活習慣。以下提供加強孩子批判性思考技能的方式作為參考：

1. 問開放式問題

所謂開放式問題就是問以「誰、什麼、哪裏、何時、為什麼，以及如何」開頭的問題。使孩子透過思考回答完整的句子或更多內容的問題才能幫助培養批判性思考力。回答這類問題需要時間思考，因此父母要有耐心的等待答案。

2. 不怕犯錯環境

鼓勵孩子多參與課堂上的討論或回答問題,向孩子們強調犯錯是可以被接受的，從錯誤中學習，反而可以學到更多。告訴孩子批判性思考通常不僅只有一個正確答案，這樣他們就會願意冒險，深入思考並自願提出想法和答案，即使他們有可能是錯的，也不擔心犯錯被人嘲笑。

3. 接受不同觀點

每個人對同一個問題會提出不同的看法,鼓勵孩子從他人的角度嘗試理解他人的看法。這樣不但能幫孩子學會批判性思考，同時能對他人產生更多同理心。

4. 激發想像力和創造力

批判性思考提供孩子機會發揮廣闊的想像力。父母可通過各類項目，如科學實驗、藝術來探索孩子感興趣的想法。

5. 與朋友合作

引導孩子和朋友合作根據他們所學的內容創造問題，以進一步幫助他們進行更慎重的思考。經過不斷地練習，假以時日孩子將學會從問題中提升分析思考技能。

6. 激發創造力

鼓勵孩子畫圖來解釋想法。孩子可經由批判性思考技能來將想法描繪成圖片。對於年齡較大的孩子，可以玩像猜猜畫畫遊戲，證明自己畫的東西是合理的。

7. 玩排序遊戲

分類和排序技巧非常適合邏輯推理。讓孩子使用不同屬性（如大小、顏色、形狀等）對相同的動物/物體列表進行排序。根據牠們的棲息地、飲食習慣、身體結構、繁殖機制等將動物分組。這些分類活動幫助孩子們看到不同群體之間的差異和相似之處，從而增強他們的理解。

8. 用遊戲解決真問題

利用真實世界問題以遊戲方式讓孩子思考解決方案。這樣方式有助於孩子們了解週遭環境和現實世界中面臨的挑戰。激勵他們不僅思考解決方案，還要實際去執行。例如用

舊的 T 恤製作環保袋來取代塑膠袋，減少塑料產生的廢物以拯救海洋生物。

9. 啟發思考力

啟發孩子思考自己問題的答案。一旦找出可能的答案，鼓勵他們進行推理。在思考中有助於學習不斷地調整自己的觀點，以找到最終的答案，這個過程將使孩子成為更好的批判性思考者。

7-3
資源整合聰明借力的團隊合作及組織能力

▌▌ 團隊合作能力 ▌▌

　　團隊合作是與另一個人或一群人共同解決問題或完成事情的能力。每個人無論是在家中、學校或職場，團隊合作是取得成功不可或缺的能力。在家中，是孩子體驗團隊合作的第一個環境，父母可以依年齡能力所及範圍的工作分配給孩子參與，培養學齡前孩子最佳團隊合作方式就是和其他孩子一起玩。學齡孩子能參與團隊活動的機會很多，如和同學共同完成作業、參加體育、戲劇、藝術、營隊或童子軍等活動都能提供很多機會培養團隊合作能力。

　　團隊合作屬於一種社會活動，它涉及溝通、互動和交換想法或行動，以與他人合作實現共同的目標。合作提供了協助、關懷與社會支持，有助於加強孩子的社交和情感技能，進而提高他們的自尊和情商。研究顯示，孩子合作的經驗愈多，團隊的表現愈佳。孩子在合作的學習下，彼此之間變得更友善，更樂於幫助、關照、尊重他人和有責任感。

1. 教孩子分享和無私行為

　　家裡是學習和體驗團隊精神的理想地方，鼓勵孩子和其他家庭成員分享自己的東西，彼此協助共同完成家事，為家裡做出貢獻。當他們在家習慣無私的分享和承擔共同的責任時，他們到任何地方都會有團隊精神。

2. 教孩子重視團隊的價值

　　教孩子以團隊的共同的成功為目標，而非著重於個人成就。提醒他們每個人在團隊成功中所扮演的角色的重要性，並清楚知道自己對團隊成功的貢獻，即使可能不會受到表揚。如果團隊因孩子個人突出表現而獲得勝利，把榮耀歸於團隊。這樣孩子將學會重視團隊的成功，而不是個人的成功。

　　從小向孩子灌輸團隊精神，能培養他們自我提升、建立關係、同理心和為人設想等技能，並且在更大的共同目標視野下在生活中進一步成長。教會孩子團隊精神是一堂寶貴的人生課程，將讓他們終身受益無窮。

‖ 培養組織能力 ‖

許多孩子在日常生活和課業上有經常忘東忘西或臨時抱佛腳的習慣，一個普遍的原因是做事沒有條理。現在的孩子忙於在學校和課外活動。每天的生活要注意完成的細節無以數計，如果他們欠缺強大的組織能力，除了很難跟上學校的課業外，還將導致生活繁重的壓力，甚至影響健康。這就是為什麼父母必須教孩子如何提前計畫和建立一個為成功做好準備的組織系統很重要的原因。

組織能力並非只是課業能力，也是生活能力。缺乏組織能力造成親子和師生之間的衝突和緊張焦慮。組織能力分靜態組織系統和能力，它的構成元素是同樣的事物、同樣的時間、同樣的地點和同樣的處理方式，它會明確指示要求孩子在固定的時間和地點完成某項特定的工作。另一個則是動態組織系統和能力，它需要隨時調整工作量、輕重順序、時間分配、分工細節和地點。執行初期由父母或教育者輔導和指示，逐漸地由孩子獨立完成。要完成動態型的作業，就要先把作業分成靜態的工作；動態型的作業需要思考，而靜態型的作業則需要實際行動。

具有強大組織能力的孩子能夠在生活中保持某種秩序和結構，如花更少的時間完成任務、在工作時減少挫折感、能夠規劃未來、降低整體壓力，以及在學業上表現更好。以

下是一些父母或教育者可以用來幫助孩子提高組織能力的策略，為他們的成功做好準備：

1. 使用每週行程日曆

在家中顯眼位置放每週行程日曆，對孩子來說是一種很實用的視覺輔助工具。使用日程可提醒孩子的任何約會、活動或任務。每週固定利用週末全家一起討論和規劃下一週的行程，讓孩子自己填上行程，他們才會有履行承諾的所有權和責任。

2. 製作待辦事項清單

製作待辦事項清單是孩子學習計劃和優先安排時間的好方法。他們可以使用清單來追蹤需要完成的家事、家庭作業或考試準備等。確保孩子的任務清單是合理範圍能達成的，否則會造成挫折感或變得心情煩躁，甚至拒絕完成。

3. 使用工作規劃表

自己設計或下載 APP 工作規劃表軟件讓孩子能寫下每日作業、截止日期、測驗和考試，以及其他相關訊息。鼓勵孩子每天檢查規劃表以確認自己完成任務。

4. 將任務拆解成小部分

當孩子有一項艱鉅的任務要完成，最好將其拆解成小部分或多個步驟，以便他們更輕鬆地完成任務。

5. 教孩子提前做準備

有條理的基本要求就是知道如何提前思考和規劃。花時間提前做準備可以大大減少將事情拖到最後一分鐘所帶來的壓力和焦慮，例如在睡前先把所有隔天上課需要的東西放書包裡，並將要穿的衣服先挑好。

6. 整理講義和作業表

通常孩子們從學校拿到很多紙本講義或作業表。安排時間與孩子一起定期清理他們的書包。鼓勵他們使用活頁夾和/或文件夾來整理所有的紙本資料。

7. 設置做作業的區域

寫家庭作業區應該是要在安靜和無干擾的地方完成。假如孩子的房間裡有太多讓他們分心的物品，不建議把寫家庭作業區設置在那裡。

7-4
未來能力高下就看危機處理，
但要怎麼學習？

▌▌養成孩子負責的態度 ▌▌

有位 11 歲的美國男孩，他踢足球時不小心打碎了鄰居家的玻璃，鄰居向他索賠。闖禍的男孩向父母認錯，父母要男孩為自己的過失負責。但因男孩沒有錢賠鄰居，只好跟父親求救。父親把錢遞給他說：「我先借錢給你，但要把錢還我。」於是男孩利用週末去打工，幾個月後把賺到的錢還給了父親。這位男孩就是後來成為美國偉大的總統之一的隆納雷根（Ronald Reagan），當他提到這件往事時說：「通過自己的勞動來承擔過失，讓我懂得了什麼是責任。」

反觀現代有許多父母對孩子呵護得無微不至,孩子犯了錯還為其找藉口逃避，而不是要他們負責。這種心態表面上是愛孩子，其實恰得其反；不但養成孩子對父母強烈的依賴性，無法承受壓力，做錯事還會推諉責任或怪罪別人。

父母必須留意勿把服從和責任混為一談，要求孩子聽從指令做事是服從，而非責任。父母應灌輸孩子負責的重要和

培養責任感，如此父母就不需在孩子背後一路忙著收拾爛攤子。

1. 處理自己製造的問題

曾在網路的視頻上看到一個 2 歲左右的男孩在端牛奶時不小心把它打翻了。但他並未因此驚慌、哭鬧喊媽媽，而是自己拿抹布把地上的牛奶清理乾淨。孩子一旦養成處理自己所製造的問題的習慣，就不會仰賴別人或推諉責任。

2. 照顧自己及貢獻家人

父母需幫孩子養成兩種責任，即照顧自己和貢獻家人。依孩子年齡給予適當的家務，例如打理自己、整理房間、收拾餐桌、倒垃圾、照顧寵物等等。

3. 擬定每日例行清單

許多父母天天對孩子嘮叨，比如「明天考試準備好了嗎？」，「房間亂得跟豬窩一樣，還不趕快收拾。」等等，不但讓孩子嫌煩，而且經常敷衍了事。與其如此，不如教孩子擬定每日例行清單自我管理，每完成一件事打個勾，以確實完成當日所有事項。一旦習慣養成，父母就不需再徒勞無功地碎碎唸。

4. 教孩子對與他人的互動負責

當孩子傷害了家人或朋友的感情時，先不強迫道歉或懲罰孩子，聽聽孩子的感受緩解他的情緒，再詢問孩子將如何修復關係。

5. 為損壞的東西負責

孩子毀損了自己或其他人的物品，如手機、玩具或圖書館的書籍等，應讓孩子用自己的零用錢來支付，這樣他們以後就會格外小心。

6. 創造不責怪的家庭文化

當事情出錯時，很自然地會想責怪他人。責怪會使人處於防禦狀態，形成負面情緒，反而會造成說謊或推卸責任。父母應教導孩子當發現自己想責怪某人時，嘗試接受自己承擔責任，才能提出更好的解決方案。

7. 指導孩子自己完成任務

父母希望孩子能夠自己完成任務，必須先示範給他們看如何做。當孩子肚子餓想吃點心，指導製作花生醬或果醬三明治的方法。孩子總是把髒衣服扔在房間地板上，在房間放一個籃子，告訴他們把髒衣服放在籃子裡。

|| 訓練孩子的自制力 ||

自我控制簡單來說就是能夠自我調節。孩子能抗拒分心嗎？抑制衝動？從困難的情緒中恢復過來？延遲滿足？自我控制絕大部分取決於孩子的年齡，三歲前的孩子因腦部發育成熟度的影響，最缺乏自制力。自制力隨年齡不斷發展3 至 7 歲之間是發生最大變化的年齡。

關於孩子的自制力，一定要提及 1966-1970 年代美國史丹福大學教授沃爾特米歇爾博士做的一個世界聞名的「棉花糖實驗」。實驗目的是想證實 4 歲小孩的自制能力和延緩滿足的能力，對他們將來成長的好處。

研究人員在 14 年後追蹤他們成長後的表現，發現自小有自制力的孩子，長大後對生活多採取積極態度，面對困難能夠堅持，也能夠延緩滿足，以達成更大的目標。他們在學業成績測試中表現更好，更有可能完成大學學業，並且不太可能出現藥物濫用問題。

很多父母常急於馬上滿足孩子的要求、稱讚孩子，或安慰孩子。然而，追求物質享受，只會為孩子帶來快感，並非持續的快樂及幸福。父母的責任是提供子女身心健康成長所需，並非滿足子女所有的要求，而是要給予空間讓他們自己去爭取。孩子真正需要的是對學習有滿足感，如果孩子表現好，不需急著表揚，鼓勵的焦點應該放在內心的滿足感，

稱讚孩子的努力，使他下一次遇上挫敗時不至於懷疑自己的能力。

同一道理，如果孩子表現不好，也不需急著安慰，不應誤導他逃避不舒服的感覺，孩子需要時間及空間，去直接面對及承受痛苦感受，學會將情緒與行為分開，不讓情緒影響思維與行為，才能令內心更加堅韌去處理日常生活的挑戰。

根據研究指出，自我調節能力差的幼兒往往學業進步較少，學習過程中他們更有可能經歷焦慮、抑鬱和攻擊性行為問題。從長遠來看，自控能力差的孩子健康狀況不佳的風險更高，例如肥胖和藥物依賴。父母和教育者對孩子的行為方式能產生重要影響，以下幾個經實驗證明有效的方式能幫助孩子養成自制力。

1. 讓孩子休息一下

研究顯示，人們的自制力會隨時間長度逐漸遞減。當孩子從一個不愉快的任務直接轉到下一個任務，其自制力會降低。休息可以幫助他們重新充電，是一種很好的學習方式。上課時給孩子一段休息時間，他們會學得更有效率。

2. 灌輸正確的心態來應對挑戰

有許多人認為優越的智能和才能是與生俱來的, 當做事失敗時會覺得是因為自己才智不如人而感到無助並放棄。相對之下, 相信才智可以靠後天努力獲得的人比較可能接受挑戰並從錯誤中吸取教訓。父母可以通過謹慎的反饋來幫助孩子們培養這種韌性和決心。實驗指出, 當稱讚孩子的一般特徵如「你真聰明!」容易產生錯誤的心態, 更好的方式是表揚他們的努力, 如「你想出解決這個問題的另一種辦法, 真了不起!」

3. 鼓勵孩子練習計畫

提前計劃是自制力很重要的一部分, 孩子思考提出具體步驟採取行動和克服障礙逐步完成計畫時, 更有可能幫助他們解決問題及達成目標。

4. 當孩子的情緒教練

研究顯示, 父母輔導孩子的情緒, 他們日後的行為問題會減少。面對孩子的情緒化, 父母可以扮演他們的情緒教練, 與孩子討論他們的感受, 並表現出同理心, 給予他們具建設性的應對方式, 孩子會從中受益。

5. 尊重孩子的自主權

　　孩子是獨立個體，當他們認為父母過度干涉其個人的事物時，比如告訴他們要穿什麼，或堅持讓他們從事特定的活動，他們可能會公開反抗或者在父母背後偷偷摸摸進行。因此，父母若希望孩子合作就必須考慮孩子的觀點，尊重他們對自主權的需求，以及調整自己的心態。這將會對親子之間達到更多的共識及合作有很大的助益。

7-5
現代家長別做"孝"子，讓孩子自己做，未來才能真正做自己

　　生活技能是孩子一生受用無窮的寶貴能力。大多數的父母總覺得孩子太小不懂事，擔心他們無法應付繁忙的學校課業和課外活動，或認為等孩子長大自然就會，未給予指導。這樣反而阻礙了他們發展獨立生活所需的基本技能。這也是造成許多孩子上了大學仍缺少生活自理能力的主凶。

　　孩子從 2 歲起就可以培養基本生活技能，例如自己做決定、養成衛生習慣，甚至做簡單的家務。隨著孩子的成長，在基本技能上不斷增添新技能，等將來面對現實世界的各種情況就能駕輕就熟處理。以下提供一些幫助孩子獨立自主的生活技能。

1. 做決定

　　做出正確的決定是每個孩子從小就應學習的生活技能。從簡單基本的事做起，如決定吃蘋果，還是香蕉？玩拼圖，還是玩大富翁？當孩子上小學，就會了解做正確決定的回報和錯誤決定的後果。父母引導孩子完成做決定的步驟，讓

孩子權衡自己的選擇，評估該決定的利弊，再由他們做最終決定。

2. 健康與衛生

父母從小就應教孩子學習健康和衛生的知識，很多父母過於忙碌而未能教孩子正確的洗澡、刷牙洗臉、換內衣，以及保持健康和衛生習慣。當年幼孩子剛開始學習這項生活技能，先列出圖表清單提醒孩子確實執行，待孩子養成習慣，不需要清單就能夠獨自完成。

3. 時間管理

父母都知道時間管理對於讓家庭維持正常運轉的必要性。對於孩子們來說，學習時間管理也同樣重要。教年幼的孩子如何衡量時間、堅持完成任務和遵守時間表，不僅有助於他們成為時間的主人，也讓父母的日子更輕鬆。

4. 學習做飯

學習烹飪是非常實用和必備的技能。大多數的父母都在工作，如果能夠教孩子準備一些安全、快速及兼具營養的餐點，對孩子的生活帶來很多方便和好處。3 至 5 歲的幼兒可以學習基本的測量技術和如何在吐司中添加起司、奶油或果醬，以及如何剝煮雞蛋等。 6 至 8 歲的孩子可以使用微

波爐和烤麵包機等電器為自己做一頓餐。現在市面上販賣
許多簡單方便的廚具，使孩子做飯變得更加容易和安全。等
孩子上國中可教他們做一頓簡單的飯菜、打包自己的午餐
及計劃自己的膳食。

5. 做家事

父母可能會覺得自己做所有的家事會更容易，但這樣就
錯失了讓孩子學習做家事的機會，畢竟孩子有一天也需要
打理自己的房子。做家事能讓孩子感到被需要和對家庭有
所貢獻。研究發現，從小就讓孩子做家務將有助於教會他們
職業道德、責任感、自力更生和其他重要的生活技能。為了
建立全家人都有責任為家裡盡維護的義務，父母可教授孩
子簡單的家務，包括更換衛生紙捲或將垃圾裝袋，大一點的
孩子可以學習更換燈泡或疏通排水管等等。

6. 自己起床和準備

許多孩子習慣早晨依賴父母來喚醒。父母應教孩子設定
鬧鐘自己起床，剛開始可能會覺得很困難，一旦習慣養成就
易如反掌了。當孩子起晚了，父母必須堅持不要急著開車送
他們去學校，讓其承擔責任。孩子應學習面對現實，體驗自
己選擇的後果。3 歲的孩子就能學習如何自己做好準備，如
睡覺前先挑選隔天要穿的衣服、把上學需要的東西整理好

放進書包，以及使用一個容易設定的鬧鐘。時間概念和生活紀律是養成孩子有效率和健康生活的基本要求。

7. 收拾行裝

孩子從小就依賴父母收拾行裝，無論是書包、過夜包或旅行包，放進包裡的東西全由父母決定。這會造成孩子長大後不知道去哪裡該攜帶什麼東西，而且經常會忘東玩西，需要人不斷提醒或幫忙收拾行裝。上學忘記帶書本、出遊忘記帶必需品、上班忘記帶辦公文件或商務旅行忘記帶重要合約皆會造成生活和工作上極度的不便。教導收拾行裝可以使孩子日後成為獨立和負責任的成年人。

8. 餐廳禮儀

12 至 15 歲的孩子應學習餐廳禮儀，例如閱讀菜單和點菜。有過敏症的孩子要知道自己需要避免吃哪些食物，當他們看菜單時，也要懂得檢查食材內容。同時，父母必須對孩子強調禮貌的重要性，點菜和上菜時對服務人員說「請」和「謝謝」，用餐時不造成混亂或干擾別人用餐。此外，孩子要了解安全預防措施，例如注意周圍環境、不談論個人隱私、以及保管好隨身物品。

9. 照顧寵物

大部分孩子都喜歡寵物, 幾歲才適合承擔照顧寵物的責任呢？學齡前孩子適合養魚或鳥；7歲或以上的孩子可以養狗或貓。不過, 在收養寵物之前, 父母必須知道孩子是否對寵物過敏。如果他們對寵物過敏, 要讓孩子接受測試並選擇替代方法來教這種生活技能。

10. 金錢管理

孩子在學校雖然學數學, 但實際應用在生活上的機會卻不多。父母可以把它轉化為實用的金錢管理生活技能, 教孩子利用零用錢或節日拿到的禮金學習管理金錢。教孩子如何明智地花錢, 如「貨比三家」、養成記帳習慣, 以及消費前先做預算計畫等等。此外, 為孩子解釋一些簡單的銀行運作方式, 像是如何寫存款單, 如何定期儲蓄, 外加一個很重要的概念是使用信用卡不是免費的錢。

養育孩子是條艱辛和漫長的道路, 也是父母和孩子共同成長的旅程。父母必須允許孩子犯錯, 以便他們從中吸取經驗, 成為他們成長的養分。學習基本的生活技能將幫助孩子成為更獨立及更積極的人！

CHAPTER 8
培育謙恭有禮善解人意的孩子

禮貌的最核心，應該是要留意：透過我們的言行，讓別人喜歡我
們，也讓別人喜歡他自己。

—尚・布呂耶爾

8-1
文明禮儀的涵義及考量要素

　　文明禮儀 （civility）這個詞結合了城市（city）和社會（society）的概念。而拉丁文 civitas 意味「城市」，也是「文明」（civilization）的字源。因此，從文明禮儀這個字可以引申到在城市生活讓我們變得文明，並學會與人相處之道。文明禮儀提醒我們身為文明的人應成為謙恭客氣和遵守規矩的好鄰居和好公民。

　　許多人會把書上、網路上，甚至禮儀專家所教授的禮儀當作一成不變的條規，殊不知在缺乏人、事、時、地、物的周全考量下，可能適得其反。舉例來說，在飛機上用完餐，我們以為把餐盤和餐具疊在一起方便空服員收拾是種禮貌，事實上當我們把餐具疊起來反而造成空服員的困擾。要知道真正的禮貌並非形式上的繁文縟節，或者只遵循某一個既定教條規範所表現的特定行為，而是會考量不同時間、場合、理由、情境及對象表現出的適當行為。

　　文明禮儀能幫助每個人有意識地察覺自己的思想、行為、言語和意圖對他人帶來的影響；同時能認知每個人有責任透過自制、友善、不批判、尊重和有禮的方式，來紓解他人的感受。從嚴肅的層面來看文明禮儀，它指的是一個文明社會應遵守的日常生活道德規範，從生活化的層面來看，它

只是稀鬆平常的行為舉止，如有秩序地排隊上下捷運，讓座給有需要的人，或是給予別人溫暖的笑容和親切的問候，這些都是文明禮儀的表現。

美國已故權威禮儀專家 Amy Vanderbilt 說過：「禮貌行為和情緒關係密切。真誠必須讓人感受得到，而不是流於形式。」不禮貌行為是行為接收一方的主觀感受，也是人們對自己被對待方式的一種感覺。唯有受到尊重，個體才能感受到自身的價值和權利。禮儀的精神在知道自己及他人的權利，會自我要求約制，以尊重他人，並得到他人的尊重。

舉例來說，我們經常碰到的一種狀況是你邀請朋友一起用餐，禮貌上應該是邀請的人請客，但你的朋友卻搶著付錢，造成很尷尬的場面，不但讓餐廳服務人員左右為難，不知道要收誰的錢；而且兩人爭相付錢的來回拉扯，干擾到其他在餐廳用餐的人。原本朋友可能出自於禮貌不想讓你破費，殊不知這樣反而變成失禮的行為。

8-2
所謂壞事傳千里，無禮對社會危害的傳播性如同疫情

所謂無禮就是不懂禮數和不尊重他人。為什麼在日常生活中會經常遇到無禮的行為呢？當一個人在待人處事上只在乎自己的方便性或喜好時，就會欠缺體貼他人需求的同理心，因而讓人感覺不受尊重。據調查顯示，有 7 成以上的人認為現代人的對禮貌的意識越來越薄弱，它已成為全球的一個普遍現象。

舉例來說，當你早起上班想在捷運上補眠，鄰座的人大聲講手機；公廁裡把馬桶座弄髒的人，未清理善後就離開；到超商買水，被站在冰櫃前遲遲決定不了要買哪種飲料的人擋住；或是放公司冰箱的午餐，不知被誰吃掉了等等。這些看似雞毛蒜皮的事所引起的不快感積累起來，將破壞我們的生活品質，足以讓我們每天過得心煩意亂。

一般人都輕忽了無禮行為給社會帶來的災難。無禮就像病毒一樣，每個人不管是親身經歷或目睹粗魯無禮的行為，皆會變成傳播媒介，把「無禮病毒」傳染給周遭的人，若無禮行為不從一開始就遏止，將形成滾雪球般的可怕殺傷力。當人們做出不禮貌或微侵略行為未被糾正，就會變成歧視

或騷擾；再不加以制止，就變成霸凌；一再容忍的後果，就變成暴力。

2016 年美國疾病控制和預防中心的統計數據和約翰霍普金斯大學的一項研究估計，每年有超過 25 萬人死於醫療疏失，成為美國的第三大死因。令人震驚的是，一般人都以為醫護人員「長期睡眠不足」誘發判斷失誤是主要肇因，實際上它只佔 10% 到 20% 真正的罪魁禍首是破壞性無禮行為，佔了 40% 以上。

有許多科學研究已經證實無禮對我們的影響深遠，不只是身心健康的戕害，還有經濟的損失，甚至攸關生命安全。心理學家丹尼爾西蒙斯和克里斯托大查布里斯設計了一個著名的「看不見的猩猩」實驗，目的是測試人們的專注力。影片中有分別穿黑衣和白衣的兩組人在傳球，實驗對象被要求記錄穿白衣一組人傳球的次數。影片的中途會出現一位穿黑猩猩服裝的人穿過正在傳球的人。本實驗在看影片前先給實驗對象一組單詞來造句，一組人拿到的是會誘發粗魯無禮行為的詞彙如：「惱人」、「討厭」及「打擾」等。另一組人的詞彙是「觀看」、「發送」、「迅速」等。結果發現，用粗魯無禮詞彙造句的那組人沒看到黑猩猩的人數是另外一組的 5 倍。

美國喬治城大學副教授克莉絲汀波拉斯（Christine Porath）和研究夥伴做了另一個實驗，他們在螢幕上閃示不同類別詞彙給兩組人看，然後要求他們完成一些數學題，結

果發現看到粗魯無禮詞彙的那組人能記住的詞組比沒有看到粗魯無禮詞彙的人低 86%，解答數學的錯誤率高達 43%。

由上述的實驗中可見，粗魯無禮會降低人們的注意力。注意力不集中若發生在醫院所導致的醫療疏失將威脅生命安全。假設孩子被無禮對待或目擊無禮行為是否也會造成學習不良呢？粗魯無禮會影響認知系統，與孩子的學習表現能力有絕對的關聯。

經常有人會質疑「經濟這麼不景氣，大家賺錢都來不及，誰還有閒工夫去關心禮貌的問題？」。表面上「有禮貌」和「拼經濟」感覺上似乎是風馬牛不相及的事情。看了以下的一個故事後，相信不少人會有所改觀。

2019 年美國跨國連鎖咖啡店星巴克（Starbucks）在費城門市有兩位非裔美國人坐在店內等朋友。其中一人想借用廁所，但店家以未消費者不能借用廁所為由拒絕了他，雙方因而產生口角。店長要求他們離開未果，於是以「非法入侵」罪名報警逮捕兩人。他們遭警察銬上手銬，並拘留 9 小時後才獲釋放。此事件被視為嚴重的種族歧視，引發了群眾的憤怒與抨擊，並發起抵制運動。星巴克的執行長凱文強生（Kevin Johnson）隨即飛往費城當面向兩位受害人道歉，並且提供兩人上大學教育基金做為補償，獲得和解。除此之外，他要求全美的 8,000 家門市歇業半天，對 17.5 萬名員工進行種族包容教育訓練。這個事件不單使星巴克的商譽受損，同時還減少了 1,200 萬美元的營業收入。

8-3
禮貌是最有價值的無價品，
也是無需成本卻能創造的魔力

> 禮貌不需花錢，卻能買到一切。
> ——瑪麗·蒙塔占

當今社會有一群人不僅對禮貌嗤之以鼻，而且還嘲諷講求禮貌的人是不合時宜、食古不化的冬烘先生。抱持此種偏見的人其實是欠缺對禮貌價值的理解和文明人的素養。大家不妨仔細觀察，絕大多數不講禮貌的人都是自私自利的人。因為有禮貌需要尊重別人和為人設想，不能自己高興做什麼就做什麼。對禮貌不以為然的人大都是不願意被限制享受個人當下的快樂，譬如不想等待就插隊和超車、貪圖方便就把賣場的手推車亂放，或是不喜歡某人就在網路上散播不實謠言。當一個人凡事都以個人利益為優先考量，就會傾向變得粗魯無禮，把自己的快樂建築在別人痛苦上。

禮貌比金錢更有價值，我們從好市多的創始人詹姆士·辛尼格（James Sinegal）的例子得到驗證。辛尼格對員工和客戶的重視遠遠超過對股東的重視，他經常特意到各分

店去問候和關心員工，並確保公司尊重和獎勵員工。辛尼格認為：「假如有 12 萬忠誠大使持續對外宣傳好市多的好處，我們就有了絕大優勢」。好市多建立對員工尊重和關懷的公司文化，促使他們的營業額比同業高出 2 倍、員工留職率為 94%、多數高階人才為公司服務超過 30 年，省下人事成本數百萬美元；其股價上漲超過 200%，是同業的 4 倍。這些正面的成果印證了「禮貌是利他主義與自我利益和諧共存的地方。」

由於現代的工作環境越來越趨向追求舒適和自在，正式度也大幅下降。這現象從職場人的衣著外表、說話的遣詞用句，以及溝通方式可感受到。當人們摒棄禮貌，行為的恰當與否分界線因而變得模糊不清，處於這種氛圍下，易使人際之間互動產生尷尬和不愉快，甚至氣憤。總括來說，造成無禮行為的要因就是缺少對他人的尊重。有禮貌的工作環境能給予員工心理的安全感。一項研究出，一個讓員工感覺受主管尊重的環境，92%的人能增進對工作的專注力，55%的人提高敬業態度，89%的人對工作覺得滿意；同時對公司的信任和安全感提高 1.72 倍。有禮貌的工作環境能創造三贏的善循環，快樂的員工提升客戶的滿意度，滿意的客戶增加產品的忠誠度，公司的業績自然就蒸蒸日上。

8-4
表達衷心感謝

> 感恩不僅是最偉大的美德，也是所有其他美德的根源。
>
> ─馬庫斯‧西塞羅

　　當父母遞給 2 歲的孩子一塊餅乾，他很自然地說：「謝謝！」時，父母不但覺得很可愛，而且一定很高興。據研究指出，對 7 歲以下的孩子來說，「謝謝」像是獲得他們需要的東西必須展示的預期行為密碼一般。孩子要到 7 歲左右才會開始充分體驗和理解感恩的真正意義和重要性，但這並不意味父母要跳過教導 7 歲以下的孩子如何感恩。就像訓練幼兒良好的衛生習慣、語言技能或運動技能一樣，感恩需要時間和指導，父母也要趁早讓孩子練習。父母向孩子灌輸感恩意識不僅僅是教他們說「謝謝」而已，還應教他們珍惜自己所擁有的一切，以及對他人表現出良善和慷概。

　　對人表達感激之情有什麼好處？加州大學心理學教授及感恩科學專家羅伯特‧埃蒙斯（Robert Emmons）的研究

指出，經常感恩的人能獲得身體、心理和社交方面的好處，
包括：

1. 身體方面

　　免疫系統更強、減少疼痛的困擾、血壓降低、運動更頻
繁、更會照顧自己的健康、睡眠模式更佳，醒來時精神煥發。

2. 心理方面

　　減少壓力和焦慮、更積極的情緒、更機靈、更有活力、
更樂觀和快樂。

3. 社交方面

　　更喜歡幫助別人、更慷慨、更有同理心、更寬容、更強
的自制力和耐心、更外向，更好的人際關係。

　　美國心理學會研究也指出，具體表達感謝可以幫助人們
有正面感受、紓解壓力，以及加強人際關係。在這項研究中，
研究人員亞當‧格蘭特（Adam Grant）和弗朗西斯卡‧吉諾
（Francesca Gino）做了一個實驗，在一項籌款活動中，分
成兩個小組，活動經理人對第一組籌款成員沒有任何表示，
但他對第二組籌款成員表達「非常感謝你們的辛勞。」結果
發現，被感謝的那組成員打電話給潛在捐助人籌款的比例

高出每週平均值的 50％。從該研究得出的結論顯示，具體表達感謝對方為你做的事，可以顯著提高你在人際關係中的整體滿意度和幸福感。

美國《幸福研究雜誌》指出，感恩與 5 歲孩子的幸福有關。這意味著從小向孩子灌輸感恩的概念，能幫助他們成長為更幸福的人。另一項研究顯示，懂得感恩的青少年對自己的生活更滿意，他們會利用自己的優勢改善社區，更專注於學業和愛好，並且成績更好。跟其他不懂得感恩的同學相比，他們也被證明不那麼容易嫉妒和沮喪，以及崇尚物質主義。

從小具備感恩觀念的孩子對其本身和周遭的人都非常有益。只需給予一些的練習和鼓勵，孩子就會慢慢掌握感恩的觀念。最簡單方法之一是將感謝練習納入日常生活中，一旦孩子習慣說「謝謝」，可以和孩子討論感恩不只是說「謝謝」的動作，而是有更深層和重要的意義。

根據美國北卡羅來納州格林斯博羅（Greensboro, North Carolina）的北卡羅來納大學（UNC）的研究認為，兒童在 3 到 5 歲開始快速發展感激的觀念和情感。UNC 的研究人員鼓勵父母向孩子提問，以幫助培養更深的感激之情。以下是幫助孩子體驗所有四個感恩組成要素的問題：

1）**注意**- 你的生活中有什麼值得感激的？除了別人給你的禮物之外，還有什麼值得感激的嗎？你對生活中的任何人心存感激嗎？

2）**思考**- 你覺得這份禮物怎麼樣？你會回送禮物給送你禮物的人嗎？你認為這份禮物是你應得的嗎？你認為這個人送你禮物是因為他們必須這樣做，還是他們想要這樣做？

3）**感受**- 收到這份禮物是否讓你感到高興？你心裡有什麼感覺？這份禮物讓你覺得幸福嗎？

4）**行動**- 你能表達對這份禮物的感受嗎？你對這份禮物的感受是否讓你想藉由給別人禮物來分享該感受？

　　研究人員發現，大多數父母都著重在孩子如何表達感謝上。雖然 85% 的人表示他們會要求孩子說「謝謝」，但只有 39% 的人會鼓勵孩子以超越禮貌的方式表達感激。此外，只有 33% 的人會問孩子，禮物帶給他們什麼感受，只有 22% 的人會問孩子，認為是什麼原因別人送他們禮物。

　　研究人員認為這些問題能幫助孩子將積極感受與他們在生活中收到的禮物連結起來。在感謝經歷之後提示孩子，能激發其感謝行為。無論是感謝的行為，還是回報的行為，都有助於孩子將其在日常生活中的感謝經歷和行為做連結。

如何讓孩子真心表達感謝

相信不少父母都曾有過孩子把別人對自己的善意和體貼當作天經地義，絲毫無感激之情的體驗。譬如孩子在生日會上打開了所有禮物後說：「我的生日禮物就只有這些嗎？」或是父母精心安排了旅遊行程帶孩子去玩，回到家卻只聽到孩子抱怨：「真無聊，一點都不好玩！」聽到這些缺少感恩的話，父母一定感到很沮喪，甚至擔心孩子是否會變成忘恩負義的人。

父母希望孩子成為懂得感恩的人，最重要的是自己先要懂得感恩，尤其是對容易被視為理所當然的事情表達感激之情，例如一起出遊、欣賞美景或找到停車位等等。以下是讓孩子真心表達感謝的方式：

1. 讓表達感恩成為一種儀式

以下是為孩子準備的感恩活動，有助於讓感恩成為一種日常習慣。

➢ 每天晚餐時輪流分享一件覺得感恩的事情。

➢ 每天至少對三個人說謝謝。

➢ 每天睡前寫下三件感恩的事。

➢ 每個星期天分享一件本週你為某人或某人為你做的善事。

➢ 每個月固定給某一位你很感謝的人寫一封感謝信/卡片。

　　雖然感恩應該是發自內心而不是排練的,但要讓感恩成為一種慣性就要確保孩子能經常不斷地練習。

2. 鼓勵孩子做善事

　　孩子可以做很多事情來表達對他人的感激。回報人情,例如將喜歡的書籍借給朋友;服務行為,例如為來觀賞自己的學校演出的親戚跑腿買東西;參與志工活動,例如召喚社區民眾響應送便當或寫感謝信給醫護人員。

3. 親筆寫或製作感謝信/卡片

　　我們在生活中經常會遇到一些幫助自己或者在特別節日收到他人送的禮物。教孩子親筆寫或製作的信函或卡片感謝他人,有助於孩子學習如何表達感恩和性格發展。親自動手寫或做的感謝卡比起電子郵件、簡訊或社群媒體傳送信息更有溫度和感情,而且能令收信者覺得感動和快樂。

　　最近看到一封非常溫馨感人的感謝信。一位老先生在患有失智症的妻子去世後,寫給最後一次為他妻子剪髮的美髮師一封感謝信。信中提到他非常感謝這位素昧平生的美髮師在幫老太太剪髮時不但讓他坐在身邊,並且特意把椅子轉向他,好讓他看到妻子剪髮時的表情。他告訴美髮師,妻子剪完髮後每天都要照鏡子好幾回,照完鏡子都笑得特別開心,妻子的快樂對他來說是無價之寶。他並說那次的剪髮經驗是妻子生命中最後的、最美好的時刻之一。老先生最後提及他寫這封信的目的是想讓這位美髮師知道她的良善

帶給他和過世妻子非凡的意義，並要她意識自己從事的職業對別人帶來的正向影響。

我們很容易把別人對自己的善意視為理所當然，而吝於表達感謝。這封感謝信不止給雙方都帶來無比的幸福，連讀到這封信的人都無不為之動容。

4. 共創一個家庭感恩計畫

父母可以準備一個全家人共同使用的公告欄，每個家庭成員都可以在上面添加關於他們所感謝的事情。利用便利貼、白板，或是可以粘貼的大型本子，無論使用哪種方式，都能創造很棒的家庭感恩計畫。全家人分享每天生活中發生的許多美好有趣事物，共創快樂、和諧及正向的幸福家庭。

5. 固定時間寫感恩日記

研究指出，寫感恩日記可以改善思考方式並促進身心健康。每週至少三天，每次花 15 分鐘時間寫感恩日記能帶給我們快樂。寫感恩日記能促使我們發掘良善、正向和美麗的人事物，讓生活充滿愉悅和樂趣。有一項實驗，參與者被要求每晚睡前進行 10 到 20 分鐘的寫作練習。有些人被指示寫困擾的事，有些人寫無關痛癢的事，有些人寫感激的事。經過一段時間後發現，寫感激的事的人增進了積極的情緒、主觀幸福感，同時提高了生活滿意度。

　　感恩日記和一般日記最大的差別在於其內容以記錄感激之情為主。請記住，寫感恩日記的主要目的是記錄下能激發你正向思考，為你帶來美好心情的人事物。你不只感謝正面的事物，也可以對負面經歷吸取的教訓表達感恩。從周遭的人事物開始感謝，也許感謝手裡拿著的筆，因為它幫你記下想法；也可以對讓你能品嚐各種美食的嘴巴心存感激，或者對為你加油打氣的好朋友表示感謝。你可能會認為這些都是芝麻小事不值得寫，但從簡單的小事感謝起，會發現周遭有更多值得表達感恩的事。逐漸地你將發覺到自己整體幸福感的提昇及轉變。

　　寫感恩日記時要具體一些，假如你要感謝你的床，可以寫「我很感謝我的床，因為它提供了安全舒適的地方，讓我每晚可以放鬆和休息」。或者「我很感謝我的朋友佳佳，因為她讚美我的衣服好看，讓我心情很好」。寫感恩日記提醒我們應把生活中發生的所有美好事物視為「天上掉下來的禮物」，而非天經地義的事。每次寫下 3 件讓你心存感激的人事物，可能是芝麻小事如「今天午餐的便當真好吃，我很感謝媽媽。」也可能是重大的事如：「我參加全國繪畫比賽得到第一名。我很感恩王老師用心的指導。」練習的目標是記住生活中的美好事件、經歷、人或事物，然後享受隨之而來的快樂美好情緒。

　　孔子說：「魚知水恩，乃幸福之源也。」當我們時時對自己所擁有的一切及別人給予的關愛和幫助心存感激，將讓我們的人生充滿光彩和幸福。

8-5
表達真誠道歉

> 別用一個藉口毀掉一個道歉。
> ——班傑明・富蘭克林

　　你帶女兒琪琪去公園的沙坑玩，琪琪看到旁邊的莉莉正在用小鏟子挖沙子。琪琪也想玩，就把莉莉手上的小鏟子搶過來，莉莉嚎啕大哭。此時所有其他媽媽們眼光紛紛投射過來，你感到很尷尬，就對女兒吼道：「琪琪不可以，快跟莉莉說對不起！」琪琪受到驚嚇，不肯說對不起。你生氣地叱責琪琪，她委屈得哭了起來。很熟悉的場景吧？

　　父母應省思，當孩子被強逼說「對不起」，而非出於自願，這句道歉的實質的意義為何？此外，脅迫孩子道歉，有可能成為孩子敷衍父母的脫困手段，他們認為說了「對不起」就不會被責罵或懲罰，即便心中一點悔意都沒有，也無所謂。

　　真誠的道歉有助於寬恕、和解和消除傷害，對身心健康和幸福生活有很重要的影響。為什麼教孩子真誠地道歉很

重要？當道歉做得對時，它既表達了個人責任，也表達了對另一個人的同理心。責任感和同理心都是孩子從幼年至成年建立人際關係的必要技能。當孩子學會辨識和表達個人責任時，將使他們變得更有自我意識。發展這項技能將幫助孩子一生與家人、朋友、未來的同事及合作夥伴相處。

道歉並非敷衍地說一句「對不起」就好了。威斯康辛大學麥迪遜分校教育心理學教授羅伯特·恩萊特 (Robert Enright)認為，強制的道歉沒有價值，發自內心的才可貴。「對不起」一詞若未對自己的行為感到懊悔，本身很空泛，並非有效的道歉。根據恩萊特的研究，有效的道歉需具備三個 "R"：

1) **懊悔 (Remorse)**
   為自己的行為感到抱歉。

2) **悔悟 (Repentance)**
   表達內心的想法。「抱歉！我搞砸了，我錯了。」

3) **補償 (Recompense)**
   對自己所造成對別人的傷害試圖做彌補。

他建議把說「對不起」改為鼓勵同理心。例如，在孩子打了弟弟之後，父母可以問他：「你認為弟弟現在有何感

受？這讓你有何感受？以你現在的感受，你會想怎麼做？」孩子可能會自發向弟弟道歉、給弟弟一個擁抱或其他形式的道歉方式來和解。

維吉尼亞大學 2015 年的兩項研究發現「道歉」很重要。在第一項研究中，研究人員讓 6 歲和 7 歲的孩子們用杯子建造一座塔。然後孩子們被要求想像如果有人撞倒了他們造的塔，然後撞倒塔的人各別表現出主動道歉、在被提醒後道歉、提供補償，或者什麼都不做等四種反應，他們會有什麼感受。孩子們預測，把塔撞倒的人主動提出補償（恢復原狀）時，他們會感覺更好。而根本不道歉的人讓他們產生很壞的印象。

在第二項研究中，他們建的塔真的被人撞倒了，撞倒塔的人各別表現出上述四種反應中的其中一種。讓孩子感覺最好的唯一反應是撞倒塔的人提供補償。該研究的結論是幫忙恢復原狀既可以減輕傷害，又可以修復和對方的關係。換句話說，道歉的基本目的是為了修復關係。

‖ 教孩子道歉的四個步驟 ‖

步驟一：陳述你做錯了什麼

道歉的第一步是陳述錯誤行為。告訴孩子承認錯誤並不一定意味著他們是故意做某事，或者他是壞孩子，這對於那些有較高內疚感、羞恥感或低自尊感傾向的孩子來說尤其重要。舉例來說，當孩子不小心撞倒了哥哥的玩具，可陳述：「對不起，我撞倒了你的玩具。」陳述錯誤的目標絕不是讓做錯事的人感到羞恥，而是培養具有同理心的個人責任感。在此步驟中，引導孩子具體並使用「我」陳述也很重要。例如：

> **正確**：對不起，我撞倒了你的樂高積木。
>
> **錯誤**：對不起，因為你把樂高積木放在地板上，我才撞倒它的。

步驟二：表達為什麼該行為是錯誤的或有害的（同理心）

要教孩子說明為什麼他的行為是錯誤的或有害的。同樣，重點應該放在個人責任上，而不是責備或羞恥上。例如：

> **正確**：撞倒你的樂高積木是我的錯，因為它是你花了很多時間建好的，我走路時應該小心一點。
>
> **錯誤**：要不是你把樂高積木留在地板上，我就不會撞倒它。

步驟三： 告訴對方以後你會採取哪些更好的做法

　　這一步對於培養個人責任感非常重要。如果孩子能夠仔細思考當前情況，並想出他以後應採取什麼更好的做法，有助於他理解要對自己的行為負責。在這一步驟中，強調具體是很重要的。例如：

> **正確：** 下次你在玩樂高的時候，我會儘量不在附近玩，以免不小心弄壞它。
>
> **錯誤：** 下次我不會弄壞它。

步驟四： 請求原諒

　　教孩子請求原諒的最好方法是父母能夠身教。當父母犯了錯或做了傷害孩子感情的事，也應使用這些步驟跟他們道歉，最重要的是誠心地詢問孩子：「請你原諒我，好嗎？」

　　我們的文化存在著一種偏見（尤其是對男孩），認為承認錯誤、道歉，以及請求原諒是軟弱的表現。作為父母盡可能用愛和體貼的道歉來證明道歉是負責任的勇敢表現。

8-6
教導各年齡層孩子成為有禮貌的人

> 人們會忘記你說過的話，人們會忘記你做過的事，但
> 人們永遠不會忘記你給他們帶來的感受。
>
> ——瑪雅・安傑洛

　　捷運上把吊環和扶手桿當健身器材及走道當跑道的孩子；超市裡因媽媽不准買糖而尖聲哭叫的孩子；問話時，只顧盯著手機無暇回應的孩子；餐廳裡，在餐桌下嬉笑玩鬧的孩子；每天在室內奔跑蹦跳，擾得樓下鄰居不得安寧的孩子，以及在網路上霸凌他人的孩子。如果你的孩子出現上述的行為，就顯示他們的禮貌教養已經拉警報了。

　　讓孩子學習良好禮貌是父母留給孩子一生最有價值的資產。禮貌並非什麼深奧的學問，它是人與人之間和諧共處基本的待人之道。培養有禮貌的孩子主要目的是讓他們能夠良善待人、有同理心、為人設想和提升自信。

　　父母的言行是孩子的一面鏡子，有時候看到較年長的小孩對弟弟或妹妹說話的語氣和態度無論好壞，完全和父母一模一樣。研究指出，人類的大腦掌管記憶的海馬迴到 4 歲左右才成熟，4 歲之前學習的所有事物主要是靠模仿而來。大腦中的鏡像神經元具模仿機制，會像照相機一般把所看到的言行舉止留在腦海並加以複製。父母都希望孩子無論到哪裡都能展現有禮貌的言行舉止，若能身先士卒，孩子在耳濡目染中自然就會彬彬有禮。

　　很多父母很在乎孩子是否聰明，但一個人只要聰明就夠了嗎？2016 年在加拿大航天局招募參與火星探險計畫的太空人。無庸置疑，要能勝任太空人的工作，才智過人是必要條件之一，但他們還提出一個更重要的條件，就是要有禮貌。試想要在罐頭般大小的侷促空間待上至少 6 個月至兩年的時間，萬一遇上粗魯無禮的工作夥伴，肯定會是個噩夢。

　　每個人並非天生就懂得禮貌，而是經由教導和學習而來的。禮貌需要在不斷地實踐中，才能逐漸內化進而養成習慣。成為有禮貌的人最大好處就是你會比粗魯的人更能贏得他人的信任和好感。有禮貌的孩子受人喜愛，更容易與人建立良好人際關係，是他們未來人生發展的成功關鍵。

有人批評禮貌是虛偽做作的行為。當你所展示的禮貌行為是出於私利、算計或流於浮面，的確是虛情假意，唯有發自內心所表現的禮貌才能讓人感受真誠。禮貌並非深奧遙不可及的學問，而是能透過日常生活中食衣住行各種面向習得和養成的生活習慣。無論是去度假、家庭聚餐，還是去雜貨店買東西，父母都可以利用這些社交機會向孩子灌輸禮貌的重要，並實際在生活中應用，讓它變成不需經由思考而表現的慣性行為。

在快速發展和競爭激烈的社會中，有禮貌的言行舉止更顯得重要，同時也是讓孩子出類拔萃的關鍵能力。那麼父母如何確保孩子能以禮貌和尊重的態度對待他人？下列是依孩子的年齡能做到的一些基本禮貌教育。

▌ *1至2歲的孩子* ▌

- ➤ 需要大人幫忙時說：「請幫我...或請給我...」。如果孩子的語言表達能力有限,可以教他們使用簡單的手語來表達。有關幼兒手語的部分,自行設計簡單易懂並維持一致的手語和幼兒溝通,或是網上也有一些影片可供參考。
- ➤ 請求允許時說：「我可以...嗎？」,如「我可以再吃一個餅乾嗎？」
- ➤ 收到禮物用點頭或說「謝謝」
- ➤ 能用肢體語言或手語表達或說「對不起」
- ➤ 離開親朋好友家或聚會時揮手或說「再見」
- ➤ 坐在椅子上,同時能使用湯匙自己吃飯。
- ➤ 在公共場所使用適當的聲量說話。
- ➤ 收拾自己的玩具和把書放書架上。

▌ *3至4歲的孩子* ▌

➤ 能眼睛注視著對方說「您好」、「早安」、「您好嗎？」等問候語。無論孩子個性內向害羞或不拘小節，都不能當做沒有禮貌的藉口。對於害羞的孩子，父母要耐心的引導，給予足夠的適應時間，打招呼的方式也可以循序漸進，剛開始真的叫不出口，就先用點頭微笑來代替。

➤ 別人說「謝謝」時，能回答「不客氣」或別人說「對不起」能回「沒關係」

➤ 有人問「你好嗎？」能夠做回應。

➤ 大人說話時不要打斷，除非有緊急狀況，但要說「對不起，打擾了。」

➤ 咳嗽或打噴嚏時要用手遮住嘴，並且不要在公共場所摳鼻子。

➤ 吃飯前和上廁所後洗手。

➤ 按順序等候及跟別人輪流玩遊戲。

➤ 和別人交談時要和對方目光注視。

➤ 正確地使用所有的餐具。

➤ 問別人問題時先說「請問...」。

5 至 6 歲的孩子

➢ 嘴裡有食物時不要說話，等嚥下去後再說。
➢ 餐桌上不要伸手拿離你太遠的東西，應請靠近的人傳遞給你。
➢ 別人幫你忙或送你禮物，製作或畫謝卡來感謝對方。
➢ 用面紙擦拭臉上的髒污或擤鼻涕。
➢ 進出大門時為後面的人扶著門並讓對方先通過。
➢ 不要用手指著人。
➢ 傾聽別人並和人輪流說話。
➢ 簡單介紹自己。
➢ 打嗝時嘴巴閉起來，並要說「對不起。」
➢ 看表演或電影時就算很無聊也要保持安靜。

7 至 12 歲的孩子

➢ 別人幫你忙或送你禮物，寫感謝信表達謝意。

➢ 飯前幫忙擺放餐具，飯後收拾餐具和洗碗。

➢ 運動或遊戲時遵守規則，並且不要欺騙。

➢ 徵得同意再使用對方的用品，並且尊重別人隱私。

➢ 進別人房間前先敲門。

➢ 餐桌上是與他人聯絡感情的時刻，不要使用手機。

➢ 吃完飯不要在餐桌上剔牙。

➢ 給別人真心的讚美。

➢ 避免用粗俗的語言。

➢ 犯錯或不小心冒犯別人時要誠心道歉。

➢ 到朋友家作客要向朋友的父母表達感謝。

➢ 保持正面積極態度，對人說好話。

➢ 依不同場合穿著合宜得體的服裝以示尊重和禮貌。

禮貌代表一個人的氣質和素養，它是從內在所散發出來的，它的重要性甚至超過外貌和儀容。許多研究證明，一個懂得尊重和體貼的人，到哪裡都會受人歡迎，做任何事也會事半功倍。「禮貌和體貼，如同投資幾分錢，而獲得數塊錢的報酬。」美國著名經濟學家湯瑪斯・索維爾（Thomas Sowell）說。從小讓孩子養成禮貌習慣，將會是一生受益無窮的無形資產，造就他們成為人生的贏家！

8-7
小心餐桌上的小怪獸

> 禮貌是對他人感受的敏感意識。 如果你有這種意
> 識，不管你用什麼叉子，你都有禮貌。
>
> ——艾蜜莉‧普斯特

　　你家餐桌上出現過這些小怪獸嗎？不愛梳洗，儀容不整的「髒兮兮」？吃飯時愛玩玩具或食物的「玩食物」？吃飯愛擺臭臉，沒禮貌的「耍脾氣」？吃飯很大聲，食物掉滿桌的「亂糟糟」？吃飯不坐好，愛亂跑的「坐不住」？對有些家中有上述小怪獸的家庭來說，每天要在餐桌上好好吃一頓飯可能是很大的挑戰。教導孩了餐桌禮貌的目的除了增加自信、讓人留下好印象，以及自在吃飯外，最重要的是吃飯的禮貌能體現一個人的教養和品格，也是文明人的表現。

　　餐桌禮貌無論是在家裡或在外面都是相當重要的行為表現，千萬別以為孩子還小就放任不管，父母應從小教導孩子一些基本的日常用餐禮貌，以免擾亂他人用餐氣氛及增添困擾，而不自知。舉個例子，有一群朋友到中餐廳聚餐，其中一個人的孩子把能旋轉的菜臺當輪盤一樣轉，而且不斷翻揀自己喜歡吃的菜。有位朋友忍不住說：「妳怎麼不管

管孩子？」這位媽媽說：「現在的教育講求讓孩子自由，不能拿陳年老規矩對孩子管束。」很顯然地，這位媽媽對自由權的認知和孩子餐桌禮貌教養都有待加強。

▌▌ 餐桌上的禮儀 ▌▌

現代許多家庭大家都很忙碌，能夠全家人一起吃飯的家庭越來越罕見。由於父母和孩子鮮少一起吃飯，造成孩子養成許多不良的用餐習慣。教孩子餐桌禮儀不僅是示範正確使用餐具和糾正姿勢儀態而已，還要灌輸對一起用餐的人展現尊重和禮貌，避免造成別人心裡不安或困擾。此外，餐桌禮儀不只用在高檔餐廳、正式宴席或親友家中用餐的時候，也是和家人用餐應有的合宜得體行為。

1. 吃飯前先梳洗乾淨

吃飯前不只要洗手，如果從外面玩或運動回到家，也要先梳洗乾淨再坐下來，否則髒兮兮的樣子在餐桌上會令人感到不舒服。

2. 坐下來吃飯

當孩子能自己坐時，就要養成坐在椅子上吃飯的習慣。一般幼小的孩子無法像大人坐這麼久，在家裡吃完飯可以讓他們先離開去玩或畫圖。如果是在餐廳，父母可攜帶孩子

喜歡的書籍或塗鴉用具，讓他們留在座位上。絕對不要讓孩子在餐廳到處亂跑，一來非常危險，二來會干擾別人用餐。

3. 注意餐桌上的話題

餐桌是與家人和親朋好友相聚閒聊、歡笑，以及聯繫感情的地方。保持談話輕鬆活潑，以表達對家人和其他客人的尊重。父母要教導孩子有些話題不要在餐桌上談，例如和廁所相關話題、批評食物噁心、不雅的笑話或其他引起別人感覺不舒服的話題。儘量談些爭議性較少的話題，如美食、音樂、電影、運動等。

有一次我請國外回來的朋友吃飯，剛坐下不久，隔壁桌來了三個媽媽，分別帶了一個孩子來吃飯。這三個小男孩約5、6歲，在等餐時間，他們開始嬉鬧並不時鑽到桌子底下玩。只聽到正在聊天的其中一位媽媽說：「XX 不可以這樣，坐好來！」；另一位媽媽說：「XX，不聽話，以後就不帶你出來吃飯！」不過，媽媽們的警告似乎不奏效，他們還是繼續地玩鬧。等到食物送來了，他們總算安靜地坐下來用餐。可是不久，其中一個小男生就大聲說道：「我要去大便。」其他兩個小男生馬上哈哈笑起來說：「XX 說要大便！」媽媽瞪了小男生一眼說：「人家在吃飯，不准講這個！」很顯然這三位媽媽都沒有教導孩子在餐廳應有的禮貌，以致於影響別人的用餐心情。

　　上述故事中的媽媽們到了公共場合才開始訓誡小孩，其實是徒勞無功的。為人父母者若不希望帶小孩去餐廳或喜慶宴會的場合，做出一些沒禮貌的行為而覺得尷尬，就必須自小教導孩子餐桌禮貌，以養成習慣。

4. 吃東西時不要發出聲音

　　嘴裡有食物時不要說話，有時候即使是成年人也很難等到嚥下食物才說話，父母應該要以身作則。還要提醒孩子吃東西要閉著嘴咀嚼，避免發出聲音。如果無法控制打嗝，要閉起嘴巴打嗝，同時要說「對不起。」

5. 不要玩弄食物

　　年幼的孩子在吃飯或蔬菜時可能會很想玩他們的食物，父母要教孩子不可以玩食物，若孩子勸導不聽，表示他們已經不餓，可以把餐盤收走。不過對正在學習吃新食物的嬰幼兒，可以給他們多一點時間探索。

6. 桌上不要放 3C 產品或玩具

　　現在吃飯配 3C 產品的現象十分普遍，父母千萬注意別讓孩子養成這種壞習慣。父母要設下用餐規矩，除了不能看電視外，在用餐結束前不可接聽電話、發電子郵件或簡訊，並要求所有的成員把手機收起來，全神貫注和家人吃飯和

聊天。同時要規定幼兒玩具不能帶到餐桌上，等吃完飯再玩。

7. 使用禮貌用語請求或拒絕

用餐期間若需要某樣食物或東西説：「我可以…嗎？」此外要使用「請」「好，謝謝。」「不用，謝謝。」等基本禮貌用語。

8. 不要抱怨食物

每頓餐都是大人用心準備的，孩子應學習如何尊重和感謝做飯的人，不可抱怨桌上的菜餚。若是到親友家用餐，除非是對食物過敏或有飲食限制才需要説自己不能吃什麼。父母可以鼓勵孩子嘗試新食物，但是別強迫孩子吃，這是對孩子的尊重。

9. 在餐桌上和每個人交談

大家一起用餐除了填飽肚子，另一個目的就是聯繫感情。父母鼓勵孩子和餐桌上的每個人互動。平時家人一起用餐時要多鼓勵孩子交談，一旦養成習慣，等有更大的家庭聚餐時，面對祖父母、親戚或朋友時，孩子會比較自在和他們交流互動。

10. 距離遙遠的食物請人傳遞

當孩子想吃距離較遠的菜餚時，請靠近那道菜的人傳遞，避免跨過別人拿取。

11. 正式聚餐要把餐巾放在大腿上

在正式的餐廳或家庭聚餐會提供餐巾。記得要等主人把餐巾放在腿上後，客人再跟著放腿上，這是開始用餐的暗號。使用餐巾時，先把它展開，再把它對摺一半，摺線的部分朝向自己。餐巾是在用餐時擦拭嘴角的食物殘渣或醬汁用的，千萬不要拿來擦汗或擤鼻涕。

12. 等大家的食物都到齊再開動

無論在家或是在餐廳用餐，最好等大家的食物都到齊後再吃，以表尊重和禮貌，但若是吃自助式的餐點就不在此限。主人通常會顧及孩子們容易肚子餓，可能會讓孩子先行開動，但父母最好教孩子事先詢問比較有禮貌。

13. 使用餐具的方式

當年幼的孩子從使用手指過渡到勺子或叉子時，父母應教他們如何正確握持和使用餐具，並展示如何以食就口，而

不要以口就食。等孩子年齡稍長也要教正確使用刀叉及筷
子的方法。

14. 用完餐幫忙清理桌子和碗盤並道謝

在家裡用餐結束時，讓孩子幫忙清理桌子和碗盤，同時
要向做飯的人表達謝意。如果被邀請到別人家或餐廳用餐，
也要謝謝主人的邀請。最後記得把椅子推進餐桌再離開。

學習餐桌禮儀不只讓孩子變得自信並讓人留下良好印
象，同時未來能輕鬆駕馭重要的社交場合，為他們在職場上
取得無往不利的優勢。以下的例子告訴我們餐桌禮儀在職
場的成功具有關鍵性的影響。

一位知名大學畢業的研究生，筆試成績突出，受邀參加
有公司高級主管在座的面試飯局。席間，該研究生侃侃而
談、口沫橫飛，在他吃過後的桌子前，全都沾滿了醬汁和菜
屑。這一幕讓在座的主管們大失所望。最終，招聘部門告訴
他：「你的能力雖優秀，但還是不能被錄用。」由此可知，
不禮貌的用餐方式會削弱孩子未來獲得工作職位的潛力。

與家人用餐的好處

全家人一起用餐的目的不只是填飽肚子而已。調查顯示，經常和家人一起吃飯的孩子擁有積極的自尊、情緒更穩定，同時在學校課業上有傑出表現；他們也不太可能吸毒、酗酒或罹患憂鬱症。家人共餐這個簡單的傳統有助於塑造更好的孩子，也讓他們更快樂。無論有多麼繁忙，全家人都要把吃晚飯的時間放在日程中，一旦養成習慣就會更容易施行和維持。此外，還有下列許多令人意想不到的好處。

1. 更健康的身體

研究顯示 6 歲時和家人一起用餐，在 10 歲時的健康水平更高。與家人一起吃飯的孩子喝更少的含糖飲料，也比較不會暴飲暴食或患上飲食失調症。

2. 更少的行為問題

同一項研究也發現，在 6 歲時與和家人共用晚餐的孩子在 10 歲時不太可能出現對他人的攻擊性、對立性或違法行為。

3. 更健康的飲食習慣

在餐桌吃飯，孩子食用水果和蔬菜的份量增加。童年時期養成健康的飲食習慣，對成年後的健康的飲食習慣有很大影響。

4. 增進良好的溝通

和家人共進晚餐的青少年表示與家人的溝通更好。研究發現，餐桌上積極的日常交流可以促進家庭成員之間的親密關係。

5. 較優異的學習成績

固定和家人共進晚餐可幫助孩子在學業上表現得更好。跟花在做家庭作業、運動或做才藝上的時間相比，全家一起吃飯更能讓孩子在學習上得到優異成績。

6. 較少發生極端的失序行為

家庭聚餐可以減少青少年的各種行為問題。經常和家人吃飯的孩子不太可能喝酒、吸毒、犯下暴力行為、破壞財產、偷竊或是逃家。

我們的孩子從小到他們離家去美國上大學為止，我們幾乎每天一起吃早餐和晚餐。用餐中我們會分享時事、學校和工作發生的事，以及討論最近看的書、影片或是喜歡的音樂，甚至也常談天馬行空的話題。一起用餐除了增進全家人感情的親密度，對孩子的生活狀況也都能瞭如指掌。餐桌上儘量不要討論孩子的學業或是教訓孩子，選擇輕鬆愉快話題讓大家更享受一起用餐的氣氛。

在此提供一些有趣的餐桌上的話題給父母們參考。這些話題可做成書籤或紙條折起來放進盒子或罐子中，讓每個家庭成員輪流抽籤。也可以和孩子集思廣益激盪出更多有趣話題，保證能讓用餐時間成為全家人都期待共享的歡樂時光。

1. 今天讓你開心的事情是什麼？

2. 對你來說完美的一天是什麼樣的？

3. 如果你有一百萬美元，你會做什麼？

4. 如果神燈精靈給你三個願望，你會許什麼願望？

5. 你相信有外星人或其他星球上有生命嗎？

6. 最近讓你發笑的事情是什麼？

7. 你今天做了什麼來幫助別人？

8. 你今天想感謝什麼？

9. 如果讓你這週重新來過，你會想做什麼不同的事？

10. 是什麼讓我們的家庭與眾不同？

11. 如果你可以當一種動物，你會是什麼動物？為什麼？

12. 你最喜歡的電影角色什麼？

13. 如果你可以選擇一種超能力，你會選哪一種？

14. 你去過最有趣的地方是哪裡？

15. 如果你能去火星，你會帶哪三件東西？

16. 如果你有讀心術，你最想知道誰在想什麼？

17. 你認為自己最擅長哪兩件事？

18. 如果你可以當超級英雄，你會想當哪一個？為什麼？

19. 如果你可以選擇一位特別的人物一起吃晚餐，你想和誰吃晚餐？

20. 如果你能成為全世界知名的藝術家，你想成為音樂家、歌唱家、還是畫家？

21. 如果你可以隱形，你會去哪裏？

22. 到目前為止，你最喜歡的記憶是什麼？

23. 如果你可以制定三個家庭規則，你會做什麼？

24. 你最喜歡每個家人的一項優點分別是什麼？

25. 你最害怕的是什麼？

CHAPTER 9
培育富好奇心及終身學習的孩子

我沒有特別的天賦，我只是充滿好奇心。—愛因斯坦

　　孩子與生俱來就有無限的好奇心，渴　望了解周遭世界是如何運作，因此有著強烈的探索慾望。他們會用看、聽、聞、嚐、抓、摸、打，或戳等各種方式來嘗試了解周遭的環境。新生兒用眼睛跟踪聲音、面孔和有趣的物體；18 個月的孩子會爬椅子去拿桌上的手機；2 歲的孩子會套上媽媽的高跟鞋想知道是什麼感覺。這些本能的好奇心需要培養才能使孩子持續對生活感到好奇。

　　好奇心激發孩子的求知慾，是創造性思維、想像力和認知發展的源泉。深入思考和主動學習對孩子很重要。由於嬰幼兒天生好奇，幫助他們發展這項技能並不是必須從頭學習的事情。父母能做的就是支持、鼓勵和啟發孩子保持好奇心。

　　好奇心是學習和理解新事物，並了解它們如何運作的渴望。它可以表現為積累有關科學、地理或其他主題的知識的願望，或者表現為知道如何解決問題的衝動。好奇心拓寬了思維，讓人們接受不同的意見、生活方式和話題。好奇的人喜歡提問、閱讀和探索，他們積極尋求信息或經驗，樂於迎接挑戰，拓寬視野；他們不會害羞問問題，並會對感興趣的話題深入研究。

9-1
好奇心是孩子成功必要的技能

1. 好奇心補強硬實力的不足

在當今競爭激烈的教育環境中，父母傾向於關注孩子硬實力的發展如閱讀、寫作、數學、語文及科學等等，在這種情況下，父母常忽略了好奇心和創造力賦予學術知識在現實世界中的實用性。事實上，好奇心和創造力是年輕人準備進入社會時應具備的最有價值技能。當孩子不斷地提出問題並對他們周圍的世界表現出好奇心時，就表示他們正在思考和朝解決問題的方向邁進。

2. 好奇心培養積極的心態

如果父母每天被孩子不停地問「為什麼？」問到即將陷入抓狂的境界，那就要恭喜你，這表示他們具有未來領袖的潛質。歷史上許多傑出領袖從小就展現出強烈的好奇心，對探索世界萬物的原理樂此不疲。好奇心能激發孩子發揮想像力，除了能讓他們娛樂自己，還有可能在想像過程中思考各種解決問題的方式。它能激發孩子動腦，幫助孩子獨立思考解決自己的問題。充滿好奇心的孩子是熱愛學習的表徵，

對任何問題都會鍥而不捨地思考以找尋答案，這是幫助孩子增強認知能力和開闊眼界的積極心態。

3. 好奇心讓孩子不感無聊

再有耐心和細心的父母也無法全天候娛樂孩子。當電視節目或遊戲無法吸引他們時，感覺無所事事的孩子就會做一些引起父母注意力的行為，甚至隨著年齡增長，孩子可能在百無聊賴的情況下從事危險的行為。適當的好奇心能夠促使孩子做積極的探索，並且比較不會因過度依戀父母而哭泣、發脾氣、依賴別人的陪伴，或是期待父母安排有趣的事給他們做。

4. 好奇心鼓勵孩子獨立自主

父母皆希望能培育在大部分情況下能照顧好自己，不會遇到麻煩就要依賴他人幫忙解決的孩子。好奇心能讓孩子面對困難時自問「為什麼？」和思考「我如何解決這個問題？」然後按自己想出的辦法採取行動，而不是等待別人的援助。好奇心鼓勵孩子展現獨立自主的能力，例如幼兒基於好奇心的驅使，能選擇自己要穿的衣服或自己綁鞋帶，年長的孩子會用勞動方式籌集資金買自己想要的東西。總體來說，好奇心是啟發孩子解決問題的重要工具。當孩子能靠自己的能力擺脫困境，就表示他們能照顧自己了。

5. 好奇心激發孩子堅持到底

　　強烈的好奇心是指一種想知道是什麼、為什麼、如何做的求知慾望。一個好奇的孩子會想要知道更多，並且在找到答案之前不輕言放棄。好奇心幫助孩子在必須不斷嘗試的過程中不會因為害怕失敗而退縮。能堅持到底的孩子無論在生活或職場上都能脫穎而出。

6. 好奇心拓展孩子的視野

　　好奇的孩子因為總是在問問題和尋求答案，所以知道周圍發生的事情，對世界及其運作方式有更全面的看法，這使他們不會以自我為中心。好奇心也促使孩子有動力去達到下一個里程碑，不會只想坐享其成。換言之，好奇的孩子有比較寬廣的思維和視野。這是他們與時下以自私、從眾、被慣壞和追求物質享受聞名的年輕人最大的區別所在，更是他們獲取成功的關鍵。

7. 好奇心促進孩子的創意

好奇心能促使孩子在任何工作中表現得更出色，因為它會激發他們不斷提問，向他人學習，並尋找更好的做事方法。好奇的人的頭腦是活躍的，他們對事物有追根究底的慾望，這使他們能在學習和工作上表現更加優異及更有創意。當好奇的人失敗時，他們會分析自己的失敗，因為他們熱衷於知道原因，這樣他們下次才能做得更好，增加了成功的機會。

8. 好奇心幫助孩子成為未來領袖

絕大多數對世界有積極影響力的人在年輕的時候就會問「我怎樣才能讓世界變得更好？」或「這個問題的解決方法是什麼？」並想知道「哪些人對世界產生關鍵性影響？」這些經常提出問題且拒絕接受現狀的人，雖身處於小規模的組織，但也能創造極大的價值。他們領導公司、改變社區、創立有利於社會的公益團體等，同樣也為社會帶來積極正面的影響力。好奇心就是他們能造福世界的原動力。

2012 年倫敦大學學院依據 1997 年至 2010 年期間發佈的 241 項研究數據也發現，決定高中生是否能夠上大學並獲得成功的因素，好奇心是很重要的衡量指標。一個聰明的孩子如果沒有足夠的學習慾望，就不太可能會堅持學習下

去。馮・斯蒂姆認為好奇心可能是影響個人成就最重要的因素，因為它將智力、堅持和對新事物的渴望三者合而為一。心理學家保羅・西爾維亞（Paul Silvia）解釋說，當一個人對他所學習的事物由衷感興趣時，他就會讀得更認真，會更有效地處理信息，找到新舊知識間的更多聯繫去探討更深層次的問題，而不只是停留在表面。

根據密西根大學兒科副教授普拉琪・沙阿（Prachi Shah）發表了一項針對 6,200 名兒童的研究結果，發現所有兒童的好奇心越高，學業成績越高，激發好奇心可能是促進早期學業成就的一個有價值的干預目標。

9-2
如何激發孩子好奇心

從以上的研究中專家們發現，在幼兒時期保持適當的好奇心會帶來一些長期的好處。好奇心強的孩子在生活中也會有強烈的滿足感、思想更加開放、學習成績優異，並富有幽默感。此外，好奇心也與善良和對同理心的深刻理解有關，最大的好處是好奇的孩子會成為終身學習者。下列是父母可以激發孩子好奇心的一些方式。

1. 讓孩子獨立玩耍

玩耍是孩子學習的主要方式之一。父母應以安全的方式支持孩子的好奇心，讓孩子有獨自的時間和空間玩耍，鼓勵他們按照自己的方式觀察世界來嘗試、探索和發現事物。在孩子遇到挫折時要克制援助的衝動，給他們機會嘗試自己解決問題，同時培養其遇到難題時不放棄的毅力。

2. 培養孩子觀察力

孩子小時候我們經常玩「我看到⋯」遊戲。這個遊戲不管在室內或室外皆可玩，尤其是在移動的車子裡玩更加有

趣。父母和孩子輪流在周遭找一個物品或人例如「我看到紅
色的郵筒」或「我看到交通警察」讓彼此找尋並指認。帶孩
子去美術館或博物館，行前先對展覽作品做些功課，然後製
作一張尋寶清單，提供有趣的方式培養其觀察力。此外，可
以和孩子一起閱讀能訓練孩子觀察力的童書。

3. 鼓勵孩子犯錯

犯錯是學習的過程，許多孩子擔心如果他們不知道答案
或以錯誤的方式做某事，會被同學取笑或父母責罵。好奇心
能激發孩子在嘗試中找尋答案，在過程中難免會犯錯，這樣
他們才會發揮鍥而不捨的精神來找尋解決的方案。當孩子
犯錯時，父母應該將其轉化為積極的心態。即使孩子提出一
個你認為很愚蠢的問題，也絕不要貶低孩子，要鼓勵他們勇
於發問的勇氣。

4. 為孩子創造一個有趣的環境

嬰兒有五分之一醒著的時間用於專注凝視。他們對周圍
的事物很好奇，牆上可以放置一些有趣的的圖片或在周圍
正常的家庭活動也可以引發孩子的好奇心。此外，凡是能促
使孩子發揮想像力的物品如盒子、積木、黏土、鍋碗瓢盆，
以及任何手工材料都可派上用場。父母不需要教孩子怎麼
做，好奇心將會驅動他們的創造力。

5. 鼓勵孩子去圖書館

書是進入各種世界的窗口，孩子透過書中的世界讓好奇的心靈得到滿足和喜悅。帶孩子去圖書館接觸各類書籍，並讓孩子選擇自己喜歡的書。專家表示，孩子們讀的是關於火箭的書或是漫畫書並不重要，關鍵是他們對閱讀的興趣被激起了。當然，父母能陪著孩子一起在想像世界中遨遊更好。

6. 帶孩子探索令人興奮的地方

帶孩子去科博館、動物園、海生館、兒童博物館，電影院、美術館或音樂廳等令人興奮的地方，利用有趣的體驗來培養好奇心。此外，參觀農民市場、跳蚤市場、節日遊行或去異國情調餐廳吃飯。欣賞五花八門的產品，觀賞成群結隊的人聚集一起慶祝節日或藉由不同國家的美食佳餚了解不同文化、風味、禮儀和傳統，不僅令人興奮，而且還能豐富孩子的世界觀。激發孩子對動物、藝術、科學、環保、書籍、文化等的好奇心，促使他們朝終身學習目標邁進。

7. 用有趣的事物和問題激發孩子的興趣

父母和孩子一起閱讀時，通過問「為什麼」和「假設」的問題來表達對角色及其動機的興趣，例如「為什麼湯姆決

定去洞穴裡探險？」或者「如果安妮決定和莎拉談談而不是拒絕她，結果會有什麼不同呢？」另外，父母還可以提問沒有正確或錯誤的答案的問題，如「你對他這麼做感覺如何？」、「告訴我今天在學校發生的事情。」這些類型的問題會引導孩子深入思考和提出想法，父母應表現出愛和興趣，鼓勵孩子對各種事物保持好奇心。

好奇心是影響孩子深遠的一項關鍵技能，一個沒有好奇心的孩子將來肯定不會成為一個創新的成年人。求知慾強烈的孩子往往能更深入地探索事物，更努力地學習，並且在學校和生活中更成功。希望孩子成為具備世界觀並對社會有積極影響力的人，父母除了支持孩子的好奇心之外，還要鼓勵孩子多發問、閱讀和探索，並且持之以恆。

現在的父母過早讓孩子接觸電視、電腦、平板和手機是非常不明智的。因為這些產品剝奪了孩子花時間去探索的機會，這些 3C 產品不斷餵養速成的知識，造成孩子逐漸失去自我探索的動力和嘗試失敗的耐心。培養好奇心有助於孩子願意並不斷地成長、學習和質疑周圍的事物。培養想像力和創造力，為他們提供成為成功成年人所需的基本工具。

9-3
閱讀、閱讀、閱讀

> 孩子們在父母的腿上變成愛讀書的人。
> ─艾蜜莉・布赫爾德

　　許多傑出人物的共通點都是熱愛閱讀，而且科學也驗證了早讀的孩子更有可能在學校和生活中取得成功。絕大多數的學習都是通過閱讀來完成的，孩子的閱讀能力越好，就越容易為孩子打開各類知識的大門，為他們帶來更寬廣深遠的啟發。許多擅長閱讀的學齡孩子都有喜愛閱讀並會為他們朗讀的父母。所以說，閱讀要從家庭開始！

父母應鼓勵孩子閱讀的原因

1. 提高專注力

閱讀是所有認知行為中最能促進專注力的方式。因此，要提高孩子的專注力，應養成閱讀的興趣和習慣。有閱讀障礙的孩子不僅會影響他們在學校的表現，還會因自尊心低落而影響到生活層面。一項對有犯罪記錄的青少年和年輕人的調查顯示，大約一半的人有閱讀障礙。可見閱讀對孩子人生有關鍵性的影響。

2. 提高記憶力

閱讀故事時為了能理解整個故事的來龍去脈，孩子們必須記住人物、背景及與其有關聯事物的所有細節，進而提高孩子記憶力。

3. 增廣知識力

孩子能通過閱讀學習書中所傳達的想法和信念，引導他們探索自己生活圈外的世界的人、事和地，這些知識的獲取超越了他們本身的經歷，因而增廣見識。

4. 刺激腦部發育

科學研究證明，閱讀能刺激腦部新細胞的形成，閱讀得越多，越有助於孩子的大腦發育，提高幫助孩子學習的詞彙量和理解力。

5. 培養同理心

閱讀故事時孩子會對書中人物感同身受，當孩子閱讀越多，越能對他人的感受產生共鳴，對於建立人際關係有很大的幫助。

6. 發展語言能力

透過傾聽父母朗讀或自己閱讀故事，孩子能學習發音技巧和培養語言和文字表達能力。閱讀能增強孩子遣詞用字的能力，使他們更善於表達，對未來學習新語言也助益甚多。

7. 增進批判性思維能力

當孩子閱讀時可預測故事的情節發展或故事結束後會發生什麼，從而挑戰他們的大腦去思考其他的可能性，增進其理解力和分析思維能力。

8. 增強想像力

　　孩子在閱讀時在腦海中會呈現各種和書中人、事、物有關的視覺畫面。想像每一個章節會發生的事，並和人物和事件連結，同時會將角色和自己的感受聯繫起來，甚至會自己想像故事的後續發展和結局。

9. 提昇學習力

　　學校幾乎所有的科目都要靠閱讀來理解。閱讀能力越好的孩子，在學業的表現都比較突出。研究顯示，學齡前就開始閱讀的孩子在學校的各方面學習都能取得更好的成績。

10. 製造生活樂趣

　　熱愛閱讀的孩子能在上面找到很多樂趣。當他們沈浸在故事中能隨著有趣的故事體驗冒險的刺激，感受喜怒哀樂的情緒，學習不同角色的人生經歷。閱讀使孩子跨越到全新的世界中，帶來無比樂趣。

|| 如何培養愛閱讀的孩子 ||

　　前不久和幾位從事兒童繪本相關行業的朋友們討論在台灣親子閱讀的現況。他們提到現代父母由於過於忙碌，很少時間陪孩子閱讀，使得許多標示需親子共讀的出版物乏人問津。這種現象令我感到相當意外，同時覺得很可惜。許多研究證實，閱讀對孩子的學業及心情有正面影響。此外，閱讀能增長孩子智慧，提高獨立思考能力，以及培養同理心，最重要的是能讓孩子成為終身學習者。我的兩個孩子從小就非常喜愛閱讀，長大成人仍保持每天閱讀的好習慣。以下是養成愛閱讀的孩子有效方式：

1. 父母必須先成為愛書人

　　不少父母都知道閱讀對孩子的重要，也會購買或上圖書館借書給孩子看。但若是父母空閒時不是在滑手機或看電視，就是在筆電上工作，自己從不看書，孩子有樣學樣，可能很難愛上閱讀。父母願意花時間和孩子共讀，不但能成為孩子愛閱讀的榜樣，還能建立緊密的親子關係。美國的《大西洋》雜誌（The Atlantic）刊登一篇名為「為什麼有些人能成為終身熱愛閱讀者」的文章。裡面提到成為終身熱愛閱讀的人主要是受到父母所創造的閱讀文化的薰陶。我們的孩子從胎兒起就開始閱讀，從未間斷。我們不只朗讀給孩子聽，也經常陪伴孩子一起閱讀。

2. 孩子大聲朗讀

當父母大聲朗讀給孩子聽時，有助於理解他們所看到、聽到和閱讀的內容。幫助孩子將故事中的內容與自己的生活連結起來，而不僅僅是單詞的發聲。將閱讀引入幼兒的生活，並由內容引發對話，有助於他們了解自己的生活。

實驗顯示，父母對幼兒朗讀，在幾秒鐘內，他們不斷發育的大腦裡上千個細胞就會做出反應。一些腦細胞會被這種特殊體驗觸發，加強了腦細胞之間的許多連結。同時，新的腦細胞形成，為孩子錯綜複雜的迴路增加了更多的清晰度和複雜性。父母給孩子大聲朗讀的內容越多，詞彙量就會增長得越多，他們對世界及自己所處環境的理解就越多，進而強化其認知發展和感知。

嬰兒接觸的單詞數量對語言發展和讀寫能力有直接影響。父母在嬰兒期除了童書外，還可以朗讀各類書籍、報章或雜誌給孩子聽。雖然嬰兒可能聽不懂你讀的內容，但他們非常喜愛聽到父母熟悉的聲音，尤其是在胎兒時期就習慣聽到父母的聲音，讓他們格外有安全感。我們和孩子每天有固定閱讀時間，晚上也以床邊故事來結束美好一天。把閱讀變成固定作息模式，孩子自然而然養成愛閱讀的習慣。

　　父母對孩子朗讀最重要的是要能堅持。我們為孩子朗讀的時間有大約 10 年之久。即使孩子 4、5 歲就能自己閱讀，但我們非常享受親子共讀的時光，所以就一直持續下去。

3. 帶孩子上圖書館

　　孩子在圖書館能感受到許多愛書人沈浸於閱讀的愉悅氛圍，會把看書和快樂劃上等號。同時，圖書館藏書豐富，可以提供更多元的閱讀選擇。若要讓孩子增廣見聞，建議讓孩子多接觸來自世界各地不同文化的書籍。

4. 使閱讀成為家庭活動

　　不少家庭每天的休閒活動不是看電視或電影，就是上網或玩電子遊戲。何不安排一個固定的家庭閱讀時間？無論是和孩子一起閱讀故事，或各自閱讀自己的書都行。閱讀時可能會聽到彼此之間的笑聲、驚呼聲或其他一些反應，這時也可以分享彼此閱讀的有趣內容，除了增進家人之間的感情，也養成每天閱讀的習慣。最棒的是當孩子感覺百無聊賴時，他們會拿一本書來閱讀，而不是拿手機、平板電腦或電視遙控器。

5. 讓書無處不在

我們家總是整理的井井有條，所有東西都必須歸位，唯一破例的是可以到處放一本書。此外，我們每個人的隨身包包裡也有書，以便搭車或等候時間可以閱讀。把書放在能觸手可及的地方，為孩子創造即興閱讀的機會。此外也可以在家裡打造一個特別的空間讓孩子自己閱讀和放鬆。添加毯子、枕頭和各種書籍，孩子將擁有一個只要想閱讀，就可以坐下來享受讀書樂趣的角落。

6. 幫助孩子選擇好書

現在的童書越來越豐富有趣和五花八門，相對的也令父母眼花撩亂，難以選擇。建議父母到書店或上網路書店查看其他家長推薦的好書，或是參考網路上家長或專家們的推薦。此外，陪孩子去圖書館也能激發閱讀興趣。但要特別提醒父母，當孩子選的不是高級文學，而是漫畫、運動或幻想類的書籍，先不要批評他們。閱讀應是一件快樂的事情，先讓孩子自由選擇喜歡的書，等他們產生興趣後，再慢慢介紹其他類型的書。

為快樂而閱讀有益於孩子的教育、社交、認知發展，以及幸福感和心理健康。父母是孩子人生的第一位導師，甚至比學校老師更重要。和孩子共讀永遠不嫌晚，何不現在就拿起書和孩子一起閱讀！

9-4
別讓 3C 產品成為孩子的保母

現代父母最頭痛的問題莫過於孩子沈迷於螢幕世界和手機不離手，尤其數位世代對 3C 產品的依賴，已到沒有它們就不知道怎麼生活的地步。父母也應該自我反省，是否自己也是「低頭族」？或是經常用 3C 產品搞定吵鬧的孩子？3C 產品能讓孩子開心又聽話，讓父母不但耳根清靜，還能抽空做自己的事，有這種不花錢又好用的「電子保母」，的確方便省事，但也導致孩子日後身心健康發展不良的後遺症。

有次在捷運上看到父母和奶奶帶著一個約 1 歲左右的小女孩。小女孩在車廂裡走來走去不願坐下，奶奶忙著抓住小女孩坐下，但她馬上又溜下來，奶奶強迫她坐，她就尖叫哭鬧以示抗議。最後奶奶拿出一個超級無敵的法寶，小女孩迅速安靜坐下來，猜猜是什麼法寶？沒錯，就是手機！

自從 2010 年全世界第一台平板誕生以來，讓許多學齡前的孩子都變成所謂的「數位原住民」。這些從來不知道沒有數位產品的世界的世代，對數位產品的黏著度極高。若是問「你在生活上遇過最糟糕的事是什麼？」他們回答「不能玩平板！」，大家應該毫不意外。

　　蘋果電腦創辦人賈伯斯在 iPad 發表會後接受記者採訪被問到「你的孩子肯定很喜歡 iPad?」 他答道：「他們還沒使用過。我們家對孩子使用 3C 產品有嚴格的管控。」另外，美國矽谷非常知名的半島華德福學校（Waldorf School of Peninsula），該校的學生直到國二才允許使用 3C 產品，就連教室也使用傳統的黑板，而非數位螢幕。更令人意外的是，該校 75% 的家長都是矽谷高科技公司的老闆或高管。從這兩個例子很明確地傳達了一個重要訊息，那就是為了孩子未來發展著想，父母應該從小就讓孩子遠離 3C 產品。

　　世界衛生組織建議 2 歲以下兒童絕對不要看螢幕，而 2 至 5 歲的孩子看螢幕的時間限制在每天 1 小時以下。研究人員發現，使用手機和平板的時間每增加 30 分鐘，嬰幼兒出現表達性語言遲緩的可能性就會增加 49%。對習慣用數位產品安撫嬰幼兒的父母來說非常值得警惕和改善。

　　一項調查顯示，3C 產品普及化後，人的專注力降低了 40%。不少從事教育工作的朋友們表示，現在孩子無法集中注意力的問題越趨嚴重。低專注力孩子的特性就是隨時要尋找新的刺激和驚奇體驗，加上所有信息快速取得，導致他們無法從事必須花長時間思考和動手做的事，這也是為何現代的孩子普遍缺乏耐心、恆心及專心。

　　世界衛生組織於 2018 年宣佈把「網路遊戲成癮」納入精神疾病。「3C 成癮症」已成為許多現代父母在孩子教養

上所共同面臨的一件極為棘手和苦惱的事。無論是電視、手機，還是平板，限制螢幕使用時間，幾乎成為現代父母竭盡所能想解決的問題。

▌▌ 3C 成癮的反應和危機 ▌▌

父母對孩子 3C 成癮的問題皆極度擔憂和關心。到底怎麼樣算成癮呢？我們先來了解孩子為何沈迷於數位媒體。以「臉書」為例，它提供的按讚功能激發了大腦的獎勵迴路，而獎勵迴路的功能之一是提供愉悅的感覺，以鼓勵重複維持生命所必需的行為，例如進食。當人們對獎勵的追求變得強迫性時，就是成癮。以下列出幾項孩子對 3C 產品上癮的危險信號。

1. 無法控制 3C 產品的使用時間

父母試圖限制使用 3C 產品時間，但孩子無法停止或應對。

2. 對其他活動失去興趣

使用平板超越書籍、玩具和運動，成為引發他們興趣的唯一活動。

3.　3C 佔據了所有思考

孩子在沒上網的時間仍不斷地談論他們喜愛的電子遊戲、網紅、虛擬角色。

4.　3C 干擾社交活動

在社交時間如吃飯、和家人交談或跟朋友聚會時，都偷偷在看手機或平板，干擾他們的社交生活及活動。

5.　3C 造成嚴重的家庭問題

孩子因為數位產品的使用引起嚴重的爭論或衝突，或者他們所觀看的內容造成相關的行為問題。

6.　表現出退縮的跡象

孩子在需要上床睡覺關掉 3C 產品，或要收起 3C 產品與家人從事其他活動時，感到沮喪和煩躁。

7.　逐漸增加 3C 使用時間

孩子每天規定放學回家後可以觀看 30 分鐘的視頻，但他們逐漸增加螢幕時間。

8. 產生欺騙行為

孩子在晚上就寢時偷偷把平板拿到床上玩，或者謊報他們玩電子遊戲的時間。

9. 3C 成為情緒振奮劑

孩子在學校碰到不愉快的事，回到家需要靠電視或遊戲來振奮情緒或藉以逃避問題。

孩子若有上述的跡象，父母必須要審慎評估狀況，並在對孩子的心理或學習造成損害之前，儘早採取必要措施來導正，以減少 3C 產品對他們的身心危害。

父母幾乎都承認有時會在做飯時給孩子看電視，在餐廳裡用平板給孩子消磨時間，或在家裡工作時讓孩子玩電子遊戲。根據加拿大《JAMA Pediatrics 醫學雜誌》上的一項研究指出，對有 5 歲以下幼兒的父母來說，過度倚賴免費「電子保母」將付出高昂代價。使用過多 3C 產品的孩子會使得他們發育遲緩，不少人認為這是孩子上幼兒園後造成學習問題日益嚴重的原因之一。

減少 3C 成癮的方法

　　孩子花太多時間在 3C 產品上會錯失很多學習基本技能的機會。因此父母必應思考如何減少孩子使用 3C 產品的時間。

1. 樹立榜樣

　　孩子最喜歡模仿的就是父母，對 3C 產品過度依賴的父母將會造成孩子的仿效。要避免長期開啟電視或滑手機，儘管看喜愛的電視節目或在社群媒體瀏覽信息是父母休閒時放鬆的一種方式，但為了孩子的成長還是必須放下它們。何不拿起一本書來閱讀，讓孩子跟著養成閱讀的好習慣？

2. 鼓勵孩子做其他活動

　　父母可提供孩子書籍、桌遊、樂高積木、美術和手工藝材料、運動器材、扮演服裝道具等等，來鼓勵孩子做其他活動。當孩子有其他有趣的事可做，自然就不會想看電視或玩手機和平板。

3. 和孩子一起玩

　　小孩最喜歡玩遊戲，年幼的孩子更喜歡和父母一起玩。

坐在地板上和孩子一起玩布偶、積木或小汽車，並教他們新事物，不但能激發想像力和創造力，還增進親子感情。

4. 參與他們的生活

雖然打開電視比實際參與孩子的生活更容易。但是父母多花時間觀察、傾聽、詢問和關心孩子的生活細節是成功育兒的要素，也是促進親子關係的最有效方式。

5. 觀察您孩子的行為變化

過多 3C 產品對孩子的行為有直接的影響。當察覺孩子變得易怒、不耐煩、焦躁，甚至更具攻擊性和自私時，就表示是危險信號。父母必須要留意這些行為的變化，如果持續一段時間就應該採取必要措施做補救。

6. 臥室裡不可裝設電視

臥室是休息放鬆的地方，無論是父母或孩子的房間都不應該裝設電視。如果臥室也是孩子做功課的地方，就不只影響他們睡眠，還影響學習。

7. 勿把 3C 產品當作獎懲方式

不少父母知道孩子對 3C 產品的喜愛，會把它來做為學習、吃飯或行為的獎勵或懲罰。一旦孩子習慣這種方式，父母將會更難控制孩子對 3C 產品的使用限制。因此，父母應該思考如何用更正面的獎懲制度。

孩子從遊戲中學習如何和他人互動、團隊精神、接受勝負結果；同時還激發各種設計玩具的創意。愛玩是孩子的本性，父母應該用心引導孩子多從事上述的與人真實互動的活動，並鼓勵孩子找同齡的夥伴一起玩。盡量讓他們對 3C 產品的興趣和注意力降到最低。

CHAPTER 10
培育良善仁慈和快樂幸福的孩子

> 要讓生命有意義，良善和仁慈之心是基本的要件。兩者有如源頭，能讓快樂幸福泉湧不絕。
>
> ──達賴喇嘛

　　同理心是因我們被外在事物所吸引而觸動內心的情感，再慢慢地進入他人的內心世界，感受他人當時所經歷的情緒，並將自己放在對方的位置去理解他的感受或經歷的能力。同理心分為三種性質，認知性同理心、情感性同理心，以及最重要的動機性同理心的行為實踐。唯有將自己置身在他人所處的情境狀態，產生情感性的回應，將自己落實在動機性的同理行為，方能推己及人，進而產生利他思維。

　　受到新冠疫情的影響，全世界正籠罩著焦慮、恐懼、憤怒、仇恨、歧視等等負面氛圍。愈是艱困的時刻，我們愈要秉持良善對待彼此。良善可以激勵人心，幫助他人渡過生命中遭遇的重重難關。永遠不要錯失傳遞善意的機會，它往往能改變一個人的人生。

10-1
同理心的重要影響

　　父母能為孩子打造更美好的未來應做的第一件事就是教導孩子同理心。一個 2 歲的孩子雖然不明白同伴為何哭，但知道自己感到難過的時候，什麼東西能使自己得到安慰，所以會試圖拿自己的奶嘴或布偶來安慰哭泣的同伴。同理心不僅讓我們更能了解他人的感受，還能察覺自己的行為如何影響他人，以及為什麼他人會體驗這些感受。缺乏同理心會導致攻擊性或反社會行為問題，這也是為什麼培養孩子同理心是解決霸凌問題釜底抽薪的辦法。培養同理心對幼兒來說是一個重要的發展過程，具備同理心能使孩子終身受益。

　　同理心可以幫助學齡孩子建立安全感，並知道如何與同儕及老師們建立更穩固的關係，為他們的學習做好準備。同時還能鼓勵包容和接納他人、增進良好的心理健康、提高適應力、以及減少霸凌的發生。

1. 同理心對生活的影響

　　良好的關係需要培養、關心和理解。缺乏同理心和理解的友誼或親密關係很快就會陷入困境。當人們只考慮自己

的利益時，周遭的人將會受苦。舉例來說，家人之間只站在自己的角度看待事物，很可能會出現家庭問題。每個人都有自己的想法和生活經歷，如果不花時間嘗試把彼此的感受和觀點連結起來，家人可能會感到缺少愛和關懷，甚至產生疏離感。

2. 同理心對工作的影響

對很多人來說，工作場所是團隊合作的地方。當人們需要一起完成事情，花時間與同事建立良好關係非常重要。同理心能幫助同事間和諧共處，否則很容易產生糾紛和分歧。對於管理階層來說，缺乏同理心的老闆或主管很可能霸凌或苛刻對待員工，例如強迫員工從事超出健康及合理範圍的工作，或者在員工犯錯時刻意刁難。同理心能夠幫助人們在個人和專業上取得更大的成功、整體幸福感更高、更能為他人、客戶或同事著想、提高溝通技巧、減少消極情緒，以及成為受員工下屬尊敬和愛戴的領導者等等。

3. 同理心對世界的影響

從全球角度來看，同理心能引發良善和仁慈並落實為利他的行為。這種同理心促使人們在發生重大災難時投入並提供援助。大家都應該記得 2018 年引發全球關注的泰國「睡美人洞救援行動」就是由動機性同理心所生成的利他行為

的深切體現。人們願意幫助素未謀面的陌生人是因為他們將心比心地深信，若不幸的事發生在自己身上，也將獲得同樣的幫助。同理心讓世界變成一個良善、仁慈、溫暖、慷慨和充滿愛的地方。

10-2
與生俱來就有同理心？
如何激發喚起孩子的同理心？

　　具備同理心的孩子能夠設身處地替別人著想，讓他們更懂得關懷別人，並對其他人的遭遇能感同身受。父母應如何培養孩子的同理心呢？

1. 教孩子辨識自己的情緒

　　要同理他人之前先得要辨識和應對自己的情緒。父母不要否定孩子的負面情緒，他們要經歷負面情緒，才能學習如何應對，並轉化成積極面。當孩子理解自己的每種情緒，才能透過自己的體驗來同理別人。在嬰兒時期就可以培養同理心，父母要用心體察和回應孩子的各類情緒，讓其感受被理解的安全感。

2. 和孩子一起閱讀

　　兒童發展專家認為閱讀是教育孩子同理心的最佳方式之一。當孩子們閱讀故事時，他們有機會從人物的角度理解故事。將閱讀視為一種角色扮演遊戲，孩子們可以在其中練習通過他人的眼睛看世界，從而培養對他人經歷的理解和

尊重。父母在和孩子一起閱讀時可以通過問孩子「如果⋯發生在你的身上，你會怎麼做？」來鼓勵孩子換位思考。

3. 教孩子觀察和傾聽

孩子能通過體察別人的想法、感受、需求，以及發揮注意力，來同理他人。一般人可能不會把自己的感受說出來，但是他的身體、表情和聲音會透露線索。孩子可以假裝自己是偵探，用更敏銳的觀察力來察覺別人心中的感受。鼓勵孩子思考自己的行為會帶給別人什麼影響，告訴孩子不需要贊同別人的觀點，但要同理和傾聽對方。

4. 增加孩子面對面的互動

加州大學洛杉磯分校的一項心理學研究指出，孩子使用3C 產品的時間越來越長，會抑制幼兒觀察臉部表情和學習社交技巧的能力，這是培養同理心所需的兩個關鍵因素。面對面的互動是幼兒學習理解非語言暗示，並解讀意思的唯一方式。這些人際互動將影響孩子的大腦發育。當孩子與人面對面互動機會增加，能幫助他們提升社交技巧，養成同理心。

5. 父母以身作則

　　教導孩子抱持同理心，必須體會同理心是什麼，當他們實際體驗後，就能激發出同理心。教養孩子時難免會遇到令人惱火的狀況，此刻父母一定要保持鎮定。在對孩子做出不當情緒發洩前，先花點時間思考如何處理自己的情緒，以免因情緒失控做出傷害親子關係的不良反應和錯誤示範。養育有同理心的孩子的關鍵就是要以身作則。

6. 教導尊重和包容他人

　　孩子在很小的時候，就能指出他們注意到的週遭人事物的差異。他們也會觀察父母如何應對差異。例如孩子看到別人與他們不同的地方，像是坐在輪椅上或膚色。他們可能會脫口而出說不該說的話，造成對方不舒服。父母不要責備孩子，而是找適當時機和孩子討論尊重和包容與我們不同的人。

10-3
不藉由物欲滿足，
才能由衷真心感受快樂幸福

獲得幸福唯一的方法是利他，獲得快樂唯一的方法
是仁慈。

—達賴喇嘛

　　大多數父母努力照顧孩子，無非是想養育快樂的孩子及
讓他們享受幸福的生活。快樂幸福並非父母可以賦予孩子
的東西，但父母能引導孩子養成能為他們的生活帶來長期
快樂幸福感的習慣。父母不妨嘗試以下的方法幫助孩子養
成這些習慣：

1. 養成孩子穩定的情緒

　　情緒不穩定的孩子不太可能享受生活。父母常犯的一個
重大錯誤是為了孩子短暫的快樂而滿足他們的每一個願望，
反而剝奪讓他們體驗憤怒、悲傷或沮喪等情緒。父母要避免
覺得有責任和義務為孩子製造快樂，或者解決任何讓他們

痛苦的事情。兒童情緒發展專家警告「從未學會處理負面情緒的孩子在青少年和成人時期，將會有被這些情緒打擊後一蹶不振的危險。」父母若能在適度情況下讓孩子獨自克服無可避免的困難，能增強其面對挫折時的韌性和應變能力。

2. 教授人際關係的技巧

「和家人、朋友、鄰居、老師，甚至寵物關係良好的童年是幸福的關鍵。」美國兒童精神科醫生及《成人幸福的童年根源》一書的作者愛德華·哈洛威爾 (Edward Hallowell) 說。哈洛威爾在一項針對九萬名全國青少年健康的研究指出，「與人連結」是一種被愛、被理解、被需要、被認同的感覺，建立良好人際關係是到目前為止被公認是能有效防止情緒困擾、自殺思想和危險行為，包括吸煙、飲酒和吸毒的方式。

父母從嬰兒期開始就可以教孩子建立人際關係，孩子成長初期最重要的是要讓他們感受到被愛和理解，如孩子哭泣時抱他們，給予同理的回應、朗讀給孩子聽、和孩子一起吃飯或玩遊戲。根據加州大學伯克利分校 Greater Good 科學中心經歷 50 年的研究發現，孩子與他人接觸時間越多越快樂。

3. 幫助孩子成為樂觀的人

有研究顯示，樂觀的父母可能會生出快樂的孩子，樂觀的人通常更健康、壽命更長、在工作和學業上更成功，並且更有可能維持幸福的婚姻，他們會感到更快樂幸福。反之，抑鬱父母的孩子罹患抑鬱症的機率是一般人的兩倍。

希望孩子有健康情緒的父母本身要關注自己的情緒，壓力過大的父母會使得孩子大腦發育減弱、免疫力降低，並增加罹患肥胖症、精神疾病、糖尿病、過敏，甚至蛀牙的風險。父母無論多麼忙碌，都要騰出時間休息和放鬆。此外，父母之間關係愈親密，愈能促進孩子幸福感。

4. 讓孩子學習自律技能

孩子在小時候學習自律技能，能夠幫助他們不易受誘惑控制。自制力強的孩子智力和學業較為出色，能夠應對挫折和壓力、社交能力強，能結交許多朋友。長大後他們除了在工作上有卓越表現，還能有效地管理金錢和時間，並且具有更強烈的社會責任感，感覺更快樂。

5. 專注於改進，而不是完美

凡事要求孩子做到完美的虎爸和虎媽們要注意了，對孩子設下太高的標準可能會適得其反。被期望過高的孩子可

能會增加發生心理健康問題的風險。當孩子覺得本身的表現無法達到自己和父母的期望時，會讓他們感到自己是個失敗者而自暴自棄，最後有可能導致他們變成抑鬱、焦慮、吸毒，甚至自殺。

父母應告訴孩子，做每一件事是為了提高自己的能力，專注於讓自己進步比做到完美更重要。當孩子努力克服困難完成一件事，即使犯了一些錯，仍要針對好的地方要給予認可和讚美，並鼓勵他們在犯錯之處做改進。這樣可以激發孩子的潛能，讓他們脫離舒適圈，接受更多的挑戰。

6. 增加戶外玩耍和運動時間

孩子們需要充足的玩耍和運動時間來幫助身心健康的發展。加州大學河濱分校的心理學教授、暢銷書《幸福之路：獲得你想要的生活的科學方法》的作者 Sonja Lyubomirsky 提到：「運動很可能是促進快樂最有效的活動。」據神經內科專家指出，大腦在運動後會釋放內啡肽（Endorphin），它也被稱為「快樂激素」。多運動能激發更多內啡肽分泌，讓人感到愉快和滿足。

兒童發展專家們認為，玩耍時間減少是導致現代兒童認知和情感發展緩慢的原因。玩耍能促進孩子的智力、身體、和情緒健康，並有助於他們學習如何團隊合作、分享、協商、解決衝突，以及調節情緒和行為。到戶外玩耍還可以提高孩

子的社交能力，增加同理心和自制力。玩耍對幫助孩子成長和學習至關重要，父母應該為孩子安排更多時間讓他們到戶外玩如騎腳踏車，和附近的孩子們玩，或做其他運動。

7. 營造有利於幸福的環境

毋庸置疑，當孩子在不健康的環境中長大，就不太可能在生活中找到幸福感。我們的情感受生活環境的影響很大，要營造幸福的環境，首先父母必須讓孩子也具備希望讓家庭幸福感極大化的共識。共同想像有利於幸福的環境是什麼樣子，如家人之間和睦相處、用禮貌的態度對待彼此、家人經常一起聊天或做其他有益身心健康的活動，讓家成為每個成員感到溫暖和幸福的避風港。

8. 鼓勵孩子幫助他人

有大量研究把利他思維與幸福感連結在一起，因為快樂幸福源自於人與人之間彼此良善相待。孩子對他人友善能為自己帶來更多快樂，而快樂會使他們更加友善，這種善循環能為孩子打造更幸福和更健康的生活。當孩子幫助他人時將學會感激自己所擁有的一切，並深刻體驗做善事能改善他人的生活所產生的快樂。父母要鼓勵孩子利用各種方式幫助他人。

9. 讚美孩子正確的行為

　　每個孩子都是獨一無二的，父母應多讚美孩子與生俱來的特質。重視和鼓勵孩子發揮自身的才能，而不是拿其他孩子的才能來設定標準。一如愛因斯坦所言：「如果你用爬樹的能力來評量一條魚，它會終其一生相信它是愚蠢的。」愈自信的孩子愈感到快樂，當孩子表現出正確的行為，父母要恰到好處地表揚他們。

10. 賦予孩子真正的責任

　　每個人天生就喜愛被人需要的感覺。當孩子覺得能為家庭或別人做出獨特的貢獻，他們的自我價值感和幸福感就越強烈。三歲的孩子在家裡已經能夠扮演有意義的家庭角色，無論是晚餐時間幫忙擺放餐具和餐巾，或者在小狗的碗裡放糧食，他們都能勝任愉快。再大一點的孩子可以幫忙整理床鋪、倒垃圾或照顧弟妹。當父母分配日常家務給孩子，賦予他們責任，就會增強孩子的自信心，同時和家人建立親密關係，讓孩子感到幸福。

11. 幫助孩子把感恩變成習慣

　　一項有關感恩的研究發現，懂得感恩的人能獲得到更好的人際關係，讓生活更幸福。幫助孩子發自內心感謝別人的最好方法之一是讓孩子養成感恩的習慣。父母平常應對孩

子所做的事情表達感謝。此外，每天抽出一點時間說出自己感謝的事，能養成正向情緒的習慣。這種習慣將幫助孩子學習尋找在日常生活中應該感恩的事物，同時也培養他們健康的情緒，帶來持久的幸福感。

快樂幸福是大多數人窮盡一生想追求的目標，但全世界找不到快樂幸福的配方，因為它是一種心態。每個人每天都會遇到超乎預期的事情，無論快樂，還是悲傷，都是生活的一部分。有一個關於大腦科學的笑話：「你怎麼讓快樂的人變悲傷？讓悲傷的人變快樂？」答案是，告訴他們現在經歷的感覺，很快就會消逝。這告訴我們，無論哪種情緒都是來來去去不會久留，最重要的是心態上的調整。幸福在於我們是什麼樣的人，而不在我們擁有什麼。

在生活中我們發現，正向思考的人比較受人喜愛，心存感激的人做事比較有效率，為人著想的人身心比較健康，這些都是展現良善的益處。我們對待彼此的方式是評量每天過得快樂與否的基準，它幫助我們和他人建立融洽的關係，讓我們愈來愈快樂，所以追求快樂美好生活的捷徑就是展現良善。

10-4
在日常生活中實踐良善，
推己及人擴「善」影響力

> 話語中的良善建立自信，思考中的良善造就內涵，給予中的良善產生愛。
>
> 一老子

　　良善不是一種美好的感受，而是一種善意的行動。良善是做善事不求任何回報的無私行為，它也可以被稱為仁慈、利他、同理心、禮貌、慷慨或熱情。良善是以自己、他人、動物、大自然和地球希望被對待的方式相待，並發出內心和持續地做出體諒、關心或幫助的行為。此外，在與人相處時，能體貼關懷他人，同理他人的想法、情感或行為。

我們為什麼需要良善？

如果你能走進一家商店，買到終生的幸福，相信每個人都會趨之若鶩，但是這個夢想可能成真嗎？其實這個想法並不像聽起來那麼天馬行空，只要你買的幸福是給別人的，就能實現。良善對我們的生活滿意度有重要影響，有大量的研究已證明「施比受更有福」。更重要的是，我們的善意可能會創造一個善循環，增進持久的幸福和利他思維。

一項衡量生活滿意度的調查研究把參與者分為三組，一組被要求做一些隨機的善行，另一組被要求做一些新的事情，第三組沒有收到具體指示。持續 10 天後研究人員發現，做隨機善行的人幸福感幅度提升最高。這個實驗證明即使在短時間內表現出善意的行為，也會對整體生活滿意度產生正向改變。

良善的行為能帶來很多意想不到的好處：

1. 良善有益身心健康

當我們對他人表現良善時，大腦會釋放讓人感覺快樂的荷爾蒙，如催產素 (Oxytocine) 和血清素 (Serotonin)，提高我們對生活的滿意度和幸福感。良善還有助於增強免疫系統、降低血壓，以及任何因壓力引起的身心問題，如抑鬱、

焦慮、煩躁、孤獨和其他各種疾病，使我們身心健康獲得改善。

2. 良善促進人際關係

良善是人際關係的黏合劑。心理學家約翰・戈特曼（John Gottman）針對數千對夫妻進行的一項有關婚姻關係研究發現，夫妻間良善的互動比率超過不友善時，他們的婚姻更幸福，婚姻關係維持越長久。它也適用於促進任何一種關係包括親子、家人、朋友、師生、同事、鄰居、甚至與陌生人的關係。

3. 良善能減少霸凌

研究指出，通過推廣良善計劃可以顯著減少霸凌的影響。被教導良善的孩子很少會參與霸凌行為，同時也較可能為被霸凌的人挺身而出。一個善解人意和喜歡幫助他人的孩子能結交很多朋友，他們被欺負的可能性較小。

4. 良善是會傳染的

良善就像迴力鏢一樣，當我們拋出良善，日後一定會回到我們身上。良善是會傳染的，當我們幫助他人，不但讓受助者感到快樂，自己更感到快樂，就連周遭目擊善行的人們也會感到快樂，讓良善一直傳遞下去。

5. 優先考慮他人的需求

　　大多數父母傾向於關注孩子個人的快樂，而非為他人設想。這雖是人之常情，但有可能因而養出自私又缺乏同理心的孩子。學習良善需要平衡自己的需求和他人的需求。無論是在球賽中將球傳給隊友，還是決定援助被霸凌的朋友，孩子必須懂得「為人著想」是待人的首要之務。

6. 提供機會練習關懷、助人和感恩

　　習慣表達感激的人更有可能樂於助人、慷慨大方、富有同理心和包容，而且身心更健康。孩子需要練習關懷和助人，並對關懷和幫助自己的人表達感激。培養和磨練孩子關懷、助人及感恩就像學習一項運動或一種樂器，反覆練習即可臻於純熟。無論是幫助同學做作業、在家裡做家務，還是在社區當志工，需要定期去實踐。

7. 拓展孩子的關注圈

　　大多數孩子比較關注的是自己的家人和朋友的小圈子。為了培養孩子的世界觀，父母應該幫孩子拓展他們的關注圈，比如班上的新同學、學校的師長們、說不同語言的人、或住在其他國家的人。尤其在無國界時代，孩子更應拓展國際視野關注生活在與自己文化和社區截然不同的人。

8. 引導孩子管理負面情緒

當人們遭受負面情緒會失去關懷和助人的意願。父母需要告訴孩子，情緒是人心中真實的感受，其並無好壞之分，最重要的是，即便在疲倦、心煩意亂或生氣時也必須時時刻刻提醒自己要尊重別人。

善待他人有助於將我們的注意力從自己的困境移開，並創造一種相互連結的感覺。我們可以一起通過大大小小的善行讓世界變得更美好，讓良善成為人人都想追隨的世界潮流。

隨機的善行

> 任何的善行，無論多微小，都不會白費。
>
> ——伊索

　　隨機的善行是指一個人為了幫助或鼓舞別人隨機進行的不期待任何回報的行為。隨機善行的實踐對象可以是家人、朋友、鄰居、同事、老師、同學、陌生人，以及動物。它可以從我們做的一些看似微不足道的言行舉止，如打招呼、讚美或幫在咖啡店排在你後面的人買一杯咖啡，帶給受方意外的安慰或驚喜。

　　科學證實，良善的人比較健康長壽，比較受人歡迎、生產力較高，事業較為成功，最重要的是比較快樂。心理學家發現，做善事能增進孩子同理心和利他行為，變得更善良，提升快樂指數，以及建立更好的人際關係。心理學家也發現，行善的習慣會改變孩子的自我形象和行為。當他們覺得自己是個善良的人，就會更願意行善。

　　教導孩子了解和實踐良善的目的不只是在做對的事，同時也希望當我們對別人良善的同時，自己也能被良善對待。

施予和接受良善對我們的好處無分軒輊。「善有善報」是一條永恆不變的真理，父母應鼓勵孩子多做善事，孩子能做到的善行不勝枚舉，提供一些做為參考。

1. 每天對人微笑和打招呼

微笑非常有感染力，當我們看到別人微笑，嘴角也會不由自主得跟著上揚，讓心情變愉快。每天對三個人微笑，當他們也對所遇到的三個人微笑就能把快樂擴散開來。打招呼的目的在讓別人有被重視的感覺。舉個實例，每天早上 6 點去晨運時，我都會和社區值夜班的保全人員打招呼。有一天晨運回來，剛好遇到該保全下班。他告訴我那天是他最後一天上班，並特別感謝我每天和他打招呼。微笑和打招呼看似微不足道的小舉動，卻帶能給人意想不到的溫暖和快樂。

2. 在圖書館的書裡放一張美麗的書籤

製作或購買一些美麗的書籤，把它放在將歸還的書裡，或是到圖書館看書時，把書籤塞進書裡，讓下一位借這本書的人有個意外的驚喜。

3. 種植樹木

表達良善的一個很好方式是愛護環境。種植樹木不僅對地球有益，而且培育和照顧植物可以幫助孩子增進愛心和耐心。

4. 寫感謝信或卡片

我們很容易忽略別人對自己的善意，而吝於表達感謝。沒有人不喜歡收到感謝信，父母應教孩子在收到別人的禮物、鼓勵或幫忙後寫一封感謝信或卡片表達感激。感謝信件能為被感謝的人帶來感動和驚喜。學習感恩不但是孩子向人展現良善的好方法，同時能促進更好的人際關係。

5. 向經常為你服務的人表達感謝

每天有很多為我們提供服務的人，但他們的辛苦付出經常被視為理所當然。父母可和孩子一起製做糕點慰勞附近的消防局和警察局、送水果給社區管理員和清潔人員，或寫感謝信給保衛國家的三軍們。

6. 捐書或玩具給兒童醫院或育幼院

讓孩子幫忙整理和清潔自己不再看的書或玩的玩具，捐給醫院或育幼院的兒童。

孩子學會良善的最有效方式是看到父母做善事，何不從今天開始與孩子共同實踐隨機善行？

國家圖書館出版品預行編目（CIP）資料

現代家長必學的未來領袖養成計劃：世界公民素
養教育／林凡維 Jessie Lin Brown 著. -- 初版.
-- 臺北市：智庫雲端有限公司，民 111.01
　面　；公分
ISBN 978-986-06584-5-3(平裝)

1.CST：親職教育 2.CST：公民教育

528.2　　　　　　　　　　　　110022334

現代家長必學的未來領袖養成計劃
世界公民素養教育

作　　　者　林凡維 Jessie Lin Brown

出　　　版　智庫雲端有限公司
發 行 人　范世華
美 編 設 計　劉瓊蔓
封 面 攝 影　陳亭君
地　　　址　台北市中山區長安東路 2 段 67 號 4 樓
統 一 編 號　53348851
電　　　話　02-25073316
傳　　　真　02-25073736
E - m a i l　tttk591@gmail.com

總 經 銷　采舍國際有限公司
地　　　址　新北市中和區中山路二段 366 巷 10 號 3 樓
電　　　話　02-82458786 (代表號)
傳　　　真　02-82458718
網　　　址　http://www.silkbook.com

版　　　次　2022 年（民 111 年）2 月 2 日初版一刷
定　　　價　320 元
I S B N　978-986-06584-5-3